从零开始学
采购

唐翠翠◎编著

U0298849

清华大学出版社
北京

内 容 简 介

本书共包含 11 章专题内容讲解，涵盖了 38 个采购案例、67 个行业模板、110 个干货技巧、324 张分解图片，力图从宏观思路与微观实操出发，为读者构建全面的采购知识体系。

宏观思路上：首先立足于采购活动，详细介绍了采购的概念、流程、方式和目前采购的现状；其次立足于采购者，厘清了采购从业人员要具备的采购思维、岗位要求、职业素养以及未来发展的机遇，帮助读者认识采购，也能够借此增加职业认知。

微观实操上：主要聚焦于采购活动的各个环节，比如拟订采购计划、选择采购渠道、巩固采购渠道、控制采购成本、进行采购谈判、签订采购合同以及管理采购订单等环节，以解释"为什么"和传授"怎么办"的方式来深入采购领域，帮助读者熟悉采购的实操技巧。

本书内容要点齐全、详略得当，且语言简洁、图文并茂，适合采购从业者以及对采购感兴趣的人员，跟随书中的采购体系学习并掌握入门与实操知识。

图书在版编目(CIP)数据

从零开始学采购/唐翠翠编著. —北京：清华大学出版社，2023.4

ISBN 978-7-302-63117-0

Ⅰ．①从…　Ⅱ．①唐…　Ⅲ．①采购—基本知识　Ⅳ．①F713.3

中国国家版本馆 CIP 数据核字(2023)第 047568 号

责任编辑：张　瑜
装帧设计：杨玉兰
责任校对：吕丽娟
责任印制：杨　艳
出版发行：清华大学出版社
　　　　　网　　　址：http://www.tup.com.cn, http://www.wqbook.com
　　　　　地　　　址：北京清华大学学研大厦 A 座　　　邮　　编：100084
　　　　　社 总 机：010-83470000　　　　　邮　　购：010-62786544
　　　　　投稿与读者服务：010-62776969, c-service@tup.tsinghua.edu.cn
　　　　　质量反馈：010-62772015, zhiliang@tup.tsinghua.edu.cn
印 装 者：天津鑫丰华印务有限公司
经　　销：全国新华书店
开　　本：170mm×240mm　　　印　　张：15.25　　　字　　数：243 千字
版　　次：2023 年 6 月第 1 版　　　　　　　　印　　次：2023 年 6 月第 1 次印刷
定　　价：59.80 元

产品编号：076710-01

前　　言

本书所说的采购，是一种与普通购买或者网购相似但又有区别的行为。如果想要了解采购，可以从两者的联系与区别入手。

采购与普通购买的联系主要体现在 3 个方面：一是本质内涵，与大众对采购的认知一样，采购与普通购买都是一种市场经济下的商品交换行为，即"买东西"；二是购买流程，两者都需要经过产生购买的需求、选择商品、确定商品并下订单、等待收货等流程；三是购买目的，采购与普通购买都是为了满足需求，且追求以合适的价格购买到最优质的商品。

采购与普通购买的区别具体表现在购买的细节上，比如购买的主体不同，采购的主体以企业的需求为主，主要满足企业的生产经营活动，而普通购买行为主要满足个人所需。再如购买的方式不同，采购有集中采购、分散采购、招标采购等多种方式；而普通购买以网购、商场购买为主等。

相较而言，采购行为因为是产生于企业的购买需求，涉及企业多方面的利益，其实施比普通购买更复杂与烦琐。因此，大部分企业也设置了专门从事采购的部门或组织。

近年来，随着市场环境的不断变化，供应链运营模式应运而生并广受欢迎，这使得采购在企业中的地位越发重要。与此同时，企业对采购人员的专业化要求也愈加严格。作为一名有意从事采购工作的人员，充分了解采购的相关知识与熟悉采购操作是十分必要的，这不但可以使自己顺利地达到企业的入职门槛，也可以为自己的职业生涯"添砖加瓦"。

本书通过 11 章专题内容、324 张分解图片、110 个知识点讲解和 67 个模板范例，38 个案例构建出了我们要了解的采购体系，帮助读者了解采购的知识、熟悉采购操作以及抓住采购工作的机遇，从而实现采购人员的价值提升。

本书由唐翠翠编著，参与编写的人员还有朱霞芳等人，在此一并表示衷心感谢。由于作者知识水平有限，书中难免有错误和疏漏之处，恳请广大读者批评、指正。

编　者

目　录

第1章

认识采购：
手把手领你入行

　　我们所说的采购，是一种企业间的购买行为，它的本质是购买，但其主体是企业或团体组织，因此它与常规的购买行为又有所不同。本章将具体介绍采购的内涵、流程、方式等知识，带领大家走进采购的世界。

1.1 采购入门：采购是一项工作过程

案例思考：

在深入了解采购之前，我们先来思考一个这样的问题：××企业的××部门想要把所有的电脑设备都进行升级更新，因此需要购买一批新电脑。购买这批新电脑可以像我们平时购物那样，自行挑选后下单购买吗？

采购，即采办购买，主要是指企事业单位，尤其是制造业单位为促进生产而获取资源的一项经济活动。它是企事业单位的购买行为，与个人的购买行为存在相同之处，但又并非完全相同。本节将对采购的相关知识进行详细介绍。

1.1.1 采购是过程而非结果

从人们的日常购物经验出发，购买一个商品大致需要经过需求的产生、确定物品、下单付款、物流派送、收到商品和确认收货等环节，这才是一次成功的购物，其中任何一个环节单独出现都不能称之为购物。因此，购物是一个过程，而非结果。

采购主要是以企事业单位为主体而进行的购物，因此采购也是一个过程。由于采购的商品，即标的物，多为生产生活所需的物品资源，因此采购既是一个商品流通过程，又是一个物品流通过程，这是采购的两个表现方面，具体说明如图 1-1 所示。

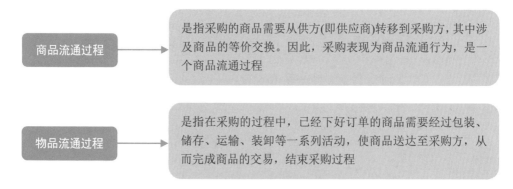

商品流通过程 → 是指采购的商品需要从供方(即供应商)转移到采购方，其中涉及商品的等价交换。因此，采购表现为商品流通行为，是一个商品流通过程

物品流通过程 → 是指在采购的过程中，已经下好订单的商品需要经过包装、储存、运输、装卸等一系列活动，使商品送达至采购方，从而完成商品的交易，结束采购过程

图 1-1 采购的表现

按照不同的角度，采购可划分为不同的类型，具体说明如下。

(1) 按照采购的主体，采购可划分为政府采购、企业采购和个人采购。通常说的采购是指企业采购，本书主要讲解企业采购。

(2) 按照采购标的物的来源，采购可划分为国内采购和国外采购。

(3) 按照选择供应商的方式，采购可划分为直接采购和间接采购两种。其中，间接采购又包含询价、招标、比选、磋商、竞买等环节。

（4）按照支付的手段，采购可划分为购买、委托、租赁、借贷、交换、抵扣等。

（5）按照标的物的属性，采购可划分为有形资产采购和无形资产采购。其中，有形资产是指具体的物品，例如工程物品、生产的物品等；无形资产是指一些虚拟的货币、服务等。

（6）按照采购的模式、采购的手段来划分，采购可划分为批量采购、一次性采购、传统采购和电子采购等。图 1-2 所示为某电子采购平台。

图 1-2　某电子采购平台

1.1.2　采购需要彰显专业性

采购，主要是以企事业单位为主体的购买行为，这一行为是为了帮助企业降本增效。也就是说，采购承担着为企业降低成本与增加效益两个方面的任务，具体说明如图 1-3 所示。

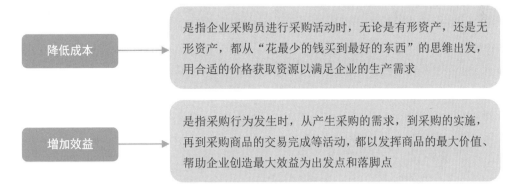

| 降低成本 | 是指企业采购员进行采购活动时，无论是有形资产，还是无形资产，都从"花最少的钱买到最好的东西"的思维出发，用合适的价格获取资源以满足企业的生产需求 |
| 增加效益 | 是指采购行为发生时，从产生采购的需求，到采购的实施，再到采购商品的交易完成等活动，都以发挥商品的最大价值、帮助企业创造最大效益为出发点和落脚点 |

图 1-3　采购的主要任务

随着市场经济的不断发展，采购所发挥的作用在企业经营中越来越重要，具体可从以下几个方面来看，如图 1-4 所示。

综上所述，采购在企业总成本支出、稳定商品供应链和保证产品质量等方面起着至关重要的作用。为了更好地发挥采购的作用，要求采购行为更加专业化和科学化。

采购成本的降低可减少企业生产和管理的总成本

采购能充分发挥供应商的作用，帮助管理供应链

采购能够评估商品的质量，改善库存管理措施

图1-4 采购的作用

采购行为的专业化体现在需要采购人员拥有丰富的采购知识和过硬的采购本领；而科学化则更多地体现在采购的管理方面。采购的物资管理有科学的制度规定，详细说明如下。

(1) 实行准时采购制度，对采购物资的时间、数量等具有明确规定。

(2) 实行供应链采购制度，按照供应商的库存需求、供货批次等进行补货。图 1-5 所示为某供应链采购管理系统。

图1-5 某供应链采购管理系统

专家提醒

图 1-5 中，ERP 是 Enterprise Resource Planning 的缩写，即制造业系统和资源计划软件；BOM 是 Bill of Material 的缩写，即物品清单；IoT 是 Internet of Things 的缩写，即物联网；VR 是 Virtual Reality 的缩写，即虚拟现实技术；AI 是 Artificial Intelligence 的缩写，即人工智能。

(3) 实行库存管理制度，对物品的进出情况的登记、定时盘点和清理呆料(呆料即效用小的物品)等作出明文规定。图 1-6 所示为某库存管理系统的基本功能。

图 1-6　某库存管理系统的基本功能

1.1.3　采购重在价格合理

采购的价格，主要是指采购物资的实际价格，具体是指从供应商手中购买到的商品或物品的价格，与供应商的报价相关。图 1-7 所示为采购报价对比表。价格是采购中的一个重要因素，也是采购能否降低企业成本的决定性因素。

项目名称				编号				采购类型：		水泥采购	
序号	内容	单位	数量	供货商 1		供货商 2		供货商 3		供货商 4	
				报价	金额	报价	金额	报价	金额	报价	金额
1	品牌	吨	1		0		0		0		0
2		吨	1		0		0		0		0
3		吨	1		0		0		0		0
4		吨	1		0		0		0		0
5		吨	1		0		0		0		0
6		吨	1		0		0		0		0
7		吨	1		0		0		0		0
8		吨	1		0		0		0		0
报价合计/元					0		0		0		0
1	发票/税率			17%		17%		17%		17%	
2	营业执照										
3	付款方式			月结		月结		月结		月结	
4	公司规模										
5	其他										

图 1-7　采购报价对比表

要想降低企业成本，那么在采购时就需要追求合适的价格，具体可通过充分考虑影响采购价格的因素并采取相应的措施。图 1-8 所示为采购价格的影响因素。

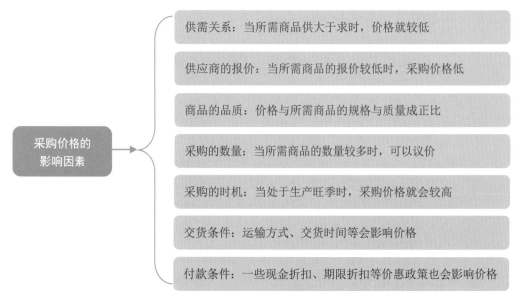

图 1-8　采购价格的影响因素

除了上述影响因素之外，公司的商业信誉、采购人员的责任心、采购人员的沟通能力等都有可能影响采购价格，需要结合采购的实际情况对采购策略作出相应的调整。

1.1.4　采购的成本与利润

采购成本，是指企业的采购费用支出，包含采购物资的购买价格，以及包装运输、加工仓储、售后服务等产生的费用。采购成本具有以下两种不同的划分。

（1）按照采购成本与生产工艺的相关性划分，采购成本可分为直接成本和间接成本两大类。其中，直接成本是指购买的、与生产工艺最相关的原材料价格；间接成本的具体内容如图 1-9 所示。

图 1-9　采购的间接成本

（2）按照采购过程中发生的各项活动划分，采购成本分为采购前、采购中、采购后 3 个过程中发生的费用支出，具体说明如图 1-10 所示。

图 1-10　采购成本的不同类型

在企业的经营活动中，采购的成本与企业的利润息息相关，其成本的降低有助于企业利润的增加。现举例说明如下。

假设一家公司每销售 1 万元，采购物料成本为 5000 元，其他支出为 4000 元，则税前纯利润是 1000 元。

若所有的成本费用都随着销售费用而变动，在销售额和其他支出不变的情况下，采用降低采购成本的方式，将其成本从 5000 元降低到 4000 元，则公司节约了20%的采购成本，从而增加了 1000 元的税前纯利润收入。

1.2　采购流程：从采购需求到收货结算

案例思考：

两周前，××部门想要采购一批春季物品，于是由部门人员拟定了一个采购清单。采购清单里详细列明了该部门需要的物品、物品的价格以及提供物品的供应商，然后提交给上级领导审批，审批之后由专门的采购人员进行采购，直至今天这些物品全部收入仓库。从中可以看出，实施采购大致有哪些流程？

采购流程，指的是完成采购这一过程需要经历的所有环节，大致包括从采购需求的产生、采购计划的拟订到采购物品的验收和登记入库等一系列工作流程。

采购的各个环节有不同的要求与方法，例如选择供应商时需要考虑采购物品的具体情况、供应商的供应情况等，并按照投标、市场考察等方式进行选择。本节将对这类采购环节进行具体介绍。

1.2.1　制订采购计划

制订采购计划是采购这项活动的起点。由于企业的购买行为是面向生产需求或部门团建需求而产生的，因此采购行为须有的放矢，制订一个采购计划，并按计划购买。在制订采购计划时，需要遵循以下几个原则，具体如图 1-11 所示。

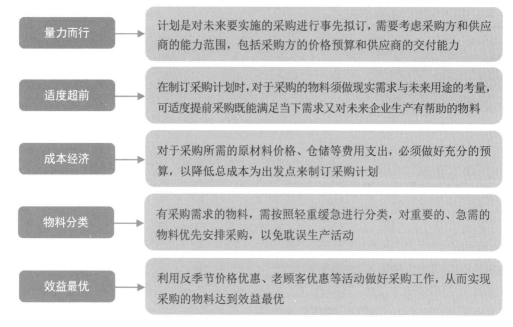

量力而行	计划是对未来要实施的采购进行事先拟订，需要考虑采购方和供应商的能力范围，包括采购方的价格预算和供应商的交付能力
适度超前	在制订采购计划时，对于采购的物料须做现实需求与未来用途的考量，可适度提前采购既能满足当下需求又对未来企业生产有帮助的物料
成本经济	对于采购所需的原材料价格、仓储等费用支出，必须做好充分的预算，以降低总成本为出发点来制订采购计划
物料分类	有采购需求的物料，需按照轻重缓急进行分类，对重要的、急需的物料优先安排采购，以免耽误生产活动
效益最优	利用反季节价格优惠、老顾客优惠等活动做好采购工作，从而实现采购的物料达到效益最优

图 1-11　制订采购计划的原则

专家提醒

 制订的采购计划中包含采购方物品的需求(例如数量、规格、价格预算等)和对供应商的供应要求(例如供应商的物品规格、报价、供货期限等)两大方面。

1.2.2　选择合适的供应商

选择合适的供应商，好比个人购买时对商家进行选择一样。在采购过程中，选择好供应商意味着采购成功了一半。

专家提醒

 选择合适的供应商，是采购流程的第二个关口。供应商的好坏直接决定了采购物品的好坏，并关乎整个采购环节的成败。因此在采购中，采购方要慎重选择合适的供应商。

在信息化时代，采购方可以采取各式各样的方式来选择合适的供应商。但如何选择合适的供应商呢？这可能是困扰大多数采购方的问题。下面详细介绍选择合适的供应商的考察要点以及注意事项。

1. 选择供应商的要点

合适的供应商必须满足采购方采购物品的基本需求，因此采购方需要对供应商进行考察，具体考察供应商的物品质量、价格、交货期限等要点，详细说明如图 1-12 所示。

图 1-12　考察供应商的要点

这些要点是选择供应商的必要考察因素，其他如工艺水平、特殊工艺的优劣、项目管理能力等也可作为选择供应商的考虑因素。

2. 选择供应商的注意事项

采购方可结合上述考察要点选择合适的供应商，但在实际选择中，选择供应商的侧重点受采购方式的影响，因此需要采购方注意以下几个事项，如图 1-13 所示。

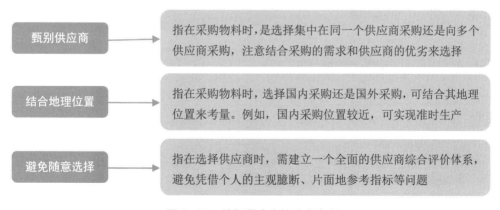

图 1-13　选择供应商的注意事项

1.2.3　敲定合理价格

敲定合理的价格是采购过程中一个很重要的环节，采购的成功多半是由物品的价格决定的。

采购方可从影响采购价格的因素入手，例如结合采购计划，在购买数量较大、批次较多的情况下，对采购的商品进行适当还价，让供应商给予价格优惠。那么，具体如何敲定合理的价格呢？采购方通常需要经过询价、核价、谈判、备案 4 个环节来确定，详细说明如图 1-14 所示。

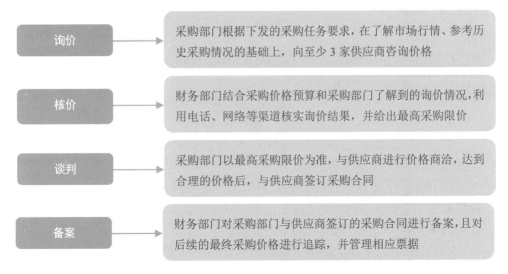

询价	采购部门根据下发的采购任务要求，在了解市场行情、参考历史采购情况的基础上，向至少 3 家供应商咨询价格
核价	财务部门结合采购价格预算和采购部门了解到的询价情况，利用电话、网络等渠道核实询价结果，并给出最高采购限价
谈判	采购部门以最高采购限价为准，与供应商进行价格商洽，达到合理的价格后，与供应商签订采购合同
备案	财务部门对采购部门与供应商签订的采购合同进行备案，且对后续的最终采购价格进行追踪，并管理相应票据

图 1-14　敲定采购价格的环节

在上述敲定采购价格的环节中，最重要的是谈判，谈判结果的好坏直接影响到价格的合适与否。因此，采购人员有必要掌握一些谈判策略来商议价格，例如摸清对方底牌进行议价等。

1.2.4　签订供收合同

供收合同，即采购合同，签订供收合同是采购过程中"敲定落板"的书面承诺。供收合同既是采购方顺利收到商品或服务的保证，也是供应商履行供应义务的承诺和收到货款的保证。

采购合同中一般会写明供需双方的公司名称、联系方式等基本情况；采购物品的数量、规格等商品情况；交货价格、时间、支付方式等订单情况；不合格商品处理和违约赔偿等情况。其合同样本如图 1-15 所示。

在签订采购合同时，应注意审查以下三个方面的内容。

（1）审查基本情况。采购方与供应方双方的基本情况应属实，例如营业执照、法人身份等是真实存在且有效的。若是涉外商贸谈判，应注意将母公司与子公司分离开来，分别考察其资信情况。

(2) 审查商品的有关条款。签订的合同内容一般是在谈判中确定下来的，因此签订时需要审查合同中列明的供应商品数量、规格、价格等是否与谈判结果一致。

(3) 审查双方的权利与义务。采购方与供应方双方应就行使权利、承担违约责任等达成一致并在合同中予以注明，避免任何一方的权益受损。

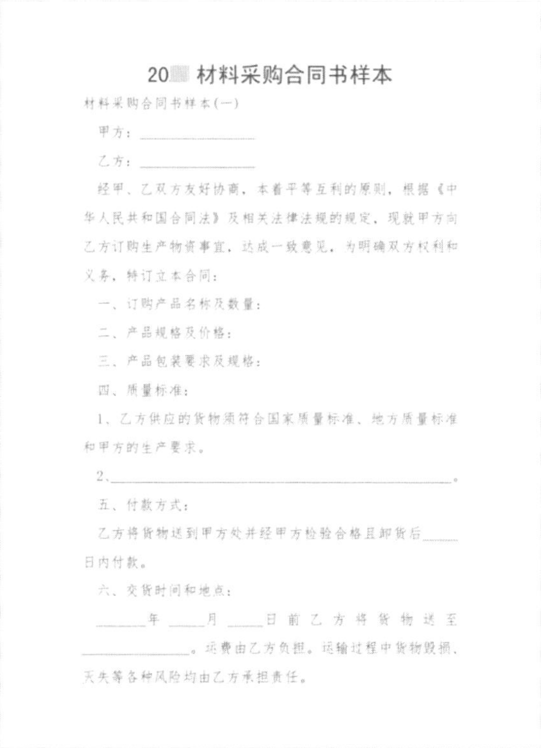

20 材料采购合同书样本

材料采购合同书样本(一)

甲方：________

乙方：________

经甲、乙双方友好协商，本着平等互利的原则，根据《中华人民共和国合同法》及相关法律法规的规定，现就甲方向乙方订购生产物资事宜，达成一致意见，为明确双方权利和义务，特订立本合同：

一、订购产品名称及数量：

二、产品规格及价格：

三、产品包装要求及规格：

四、质量标准：

1、乙方供应的货物须符合国家质量标准、地方质量标准和甲方的生产要求。

2、________________________。

五、付款方式：

乙方将货物送到甲方处并经甲方检验合格且卸货后____日内付款。

六、交货时间和地点：

______年 _____月 _____日前乙方将货物送至________。运费由乙方负担。运输过程中货物毁损、灭失等各种风险均由乙方承担责任。

图 1-15　采购合同样本

1.2.5　验收货物结算

采购中的最后一个环节是采购的物品经运输后验收入库。验收货物主要由谁负责？又需要查验哪些信息呢？下面对验收货物的相关内容进行详细说明。

1. 验收货物的流程

验收货物由企业的生产部门或管理部门按照一定的验收流程进行，具体如图 1-16 所示。

2. 验收货物的要点

验收货物需要查验的具体信息以及注意事项，说明如下。

（1）由货物的使用部门与仓储部门同时验收货物，须严格遵循"先验货后收货"的原则，验收合格后方可办理后续手续。

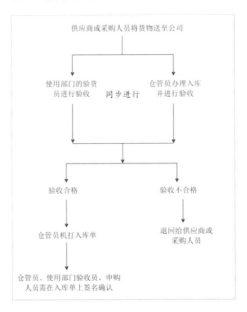

图1-16 采购过程中验收货物的流程

（2）重点查验货物的数量、质量、规格、合格证、出厂/质保日期、发票、金额、经办人等信息。

（3）一般情况下对于检验合格的货物，由仓储部门登记入库并管理。对于检验不合格的货物，若是购买数量等造成的损失，则由采购人员赔偿；若是质量不合格等造成的损失，则予以退回，由供应商承担责任。

（4）在与供应商达成口头协议采购货物时，若验收中发现了质量问题，主要由采购人员负责。

1.3 采购方式：采购有不同的方法策略

案例思考：

××建筑公司需要完成一个桥梁工程。在经过充分地考察和咨询之后，该建筑公司因建筑用材、设备等种类多、数量大，决定采取"招标"的方式进行采购。从采购方式上看，该公司采取了什么采购策略？

采购方式，是采购方采取的采购策略，以应对不同的采购需求。本节将具体介绍组织采购、询价采购、即时采购、招标采购和电子采购5种采购方式。

1.3.1 组织采购：集中或分散

组织采购是指采购物品的组织方式，主要分为集中采购和分散采购两种。下面对其进行详细介绍。

1. 集中采购

集中采购，即统一采购，是指由采购部门将各个部门所需的物品集中起来统一购买的采购方式。它适用于以下几种情形，如图 1-17 所示。

图 1-17 集中采购的适用情形

集中采购的主要特征为统一采购，类似批发。集中采购的优势和不足具体说明如下。

(1) 集中采购的优势说明如图 1-18 所示。

图 1-18 集中采购的优势

(2) 集中采购的不足具体说明如下。

● 由于物品的数量较多、流程较长，不能够满足区域性、紧急性的物品需求，容易导致部门业务的效率偏低。

● 由于物品的品种不一，不容易把控采购的价格和增加选择供应商的难度。

● 采购部门与需求部门相分离，对于采购物品的规格、质量、运输等细节容易把握不到位或处理不及时。

2. 分散采购

分散采购,是指公司各部门单独采购各自所需物品的采购方式。分散采购主要适用于以下三种情形,如图 1-19 所示。

图 1-19　分散采购的适用情形

分散采购是单个部门的各自采购,有其优势与不足,具体说明如下。

(1) 各部门对各自所需物品直接采购,减少了部门间的协调成本,可以与供应商直接沟通,使需求得到最大满足。

(2) 各部门对各自所需物品的情况把握及时,能够顺应市场的变化,适时地调整采购策略,因此分散采购的适应性强。

(3) 不足之处在于分散采购容易出现物品重复购买或人力资源浪费的问题,也可能因为采购物品的数量少且分散,而导致价格优惠不高。

组织采购方式是按照部门需求采取的采购策略,但无论是集中采购还是分散采购,都不能拘泥于某一种特定的方式。在实际采购中,集中采购和分散采购往往交叉使用,以达到企业效益最大化。

1.3.2　询价采购:按报价确认

询价采购,是指根据采购物品的价格进行选择的采购方式,具体由采购方咨询不少于三家的供应商的物品价格,从而确定最佳的供应商。询价采购时主要是根据供应商的报价高低进行选择,因此它适用于采购价格弹性不大的标准化商品。

询价采购具有以下四个方面的特点。

(1) 询价采购是由采购方向供应商发出的价格咨询,属于主动邀请式的采购。

(2) 询价采购选择的供应商有特定的范围,是由采购方在市场价格调查或历史采购记录的基础之上,选定不少于三家供应商进行筛选的采购方式。

(3) 询价采购的重点在于价格合适,因此其工作量少、流程单一。

(4) 询价采购对供应商的报价有数量要求,且采购方可选择自己认为报价合适的供应商。

一般而言，询价采购可按照一定的流程进行，具体说明如图 1-20 所示。

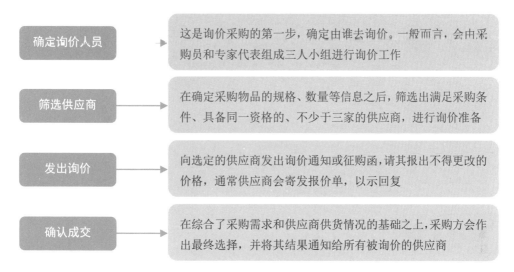

图 1-20　询价采购的流程

1.3.3　即时采购：当下即采购

即时采购，是一种从用户需求出发，满足当下用户物品需求的采购方式。即时采购强调恰当的时机、恰当的规格和恰当的物品，即适时、适点和适当。

即时采购，主要是基于准时制生产方式(Just In Time，JIT)生产管理思想而衍生出的一种采购方式，因此又称为 JIT 采购。它具有单源供应、小批量采购、稳定的供应商供应、信息高度共享等特点，具体说明如下。

(1) 单源供应是指一个供应商供应一种物品，呈现一一对应关系，且供应商与采购方之间是长期稳固的合作关系。在实际情形中，采购方容易因天气、交通等原因而选择两个供应商。

(2) 小批量采购是指采用即时采购方式采购物品时，适用数量较少或批次较少的物品，讲究适时和适当。通常情况下，采购方与供应商的地理位置不能相距太远。

(3) 稳定的供应商供应是指即时采购物品时，因物品供应与供应商之间的对应关系，使得供应商的数量较少，且要求采购方与供应商之间有稳固的合作关系。

(4) 信息高度共享是指因即时采购方式强调适时、适点和适当，对采购方与供应商的要求会较高，而双方之间的全面信息共享可提高采购效率，以实现即时采购的准时与零库存。

即时采购是一种高端的采购方式，对供需双方的能力要求很高。与传统的采购方式相比，即时采购在供应商的选择、交货时间、供货数量和信息交流等方面存在差异，两者的区别如图 1-21 所示。

图 1-21　即时采购与传统采购的区别

专家提醒

　　即时采购方式所追求的零库存，只是一种理想状态。在实际采购中，即时采购方式只能无限接近这种状态，只有提高供需双方对物品的数量、质量、规格和交货时间等因素的把控能力，才能有效地接近这种状态。

　　因即时采购的高水准要求，使用这种方式进行采购时，需做好应急方案，以便出现问题或意外时能够及时补救。

1.3.4　招标采购：发出供货邀请

　　招标采购，是指采购方向社会公开采购需求，并遵循公平、公正和择优的原则，在参与投标的供应商中选出最佳供应商的采购方式。

1. 招标采购的特点

　　招标采购是一种面向全社会的采购方式，具有公平公正性、一定的竞争性、严格的规范性、特殊性和技术性五个特点，具体说明如图 1-22 所示。

2. 招标采购的分类

　　招标采购按照供应商的参与方式，可分为竞争性招标、选择性招标和指定性招标三种类型，详细说明如下。

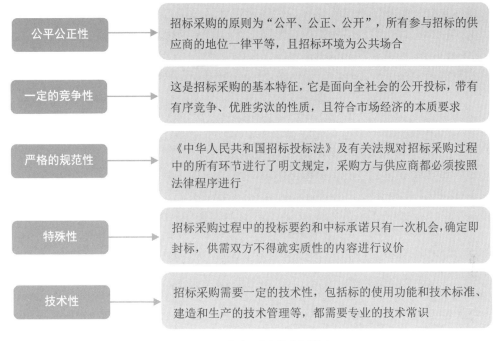

图 1-22　招标采购的主要特点

（1）竞争性招标。竞争性招标，是供应商即投标方，按照采购方(招标方)发出的招标公告参与符合条件的投标竞争，招标方则从中选择最佳投标方的采购方式。竞争性招标采购一般按照以下几个基本程序进行，如图 1-23 所示。

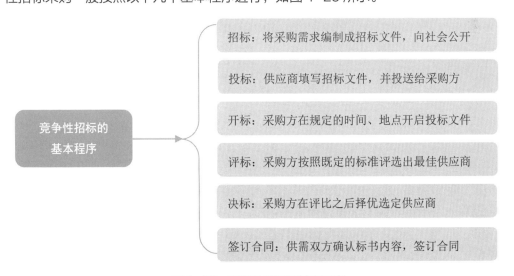

图 1-23　竞争性招标的基本程序

（2）选择性招标。选择性招标，是供应商接受采购方的邀请并参与投标的招标采购。此类招标具有一定的供应商数目限定，参与的供应商之间属于竞争关系。

选择性招标与竞争性招标的基本程序相同，但两者在招标的范围、招标的条件、适用情形等方面存在一定差异，具体说明如图 1-24 所示。

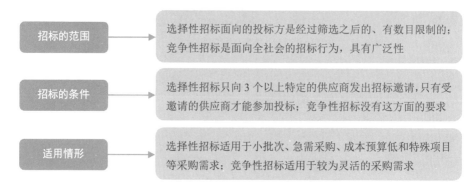

图 1-24　选择性招标与竞争性招标的区别

（3）指定性招标。指定性招标，是指采购方指定某一供应商直接协商采购的一种招标采购类型。它主要适用于工程造价低、时间紧急、规模较小、技术要求高或不宜公开的采购项目，效率较高。

指定性招标采购在国内采用较少，在国际招标中相对成熟。其具体按照以下 4 个步骤进行，如图 1-25 所示。

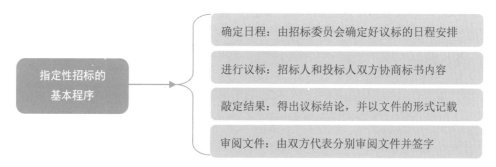

图 1-25　指定性招标的基本程序

在议标过程中，若时间过长，则招标人有权要求延长投标保函的有效期，但没有得到投标人同意的，其标书将失去法律效力。

1.3.5　电子采购：利用互联网完成

电子采购，又称电子商务采购，是依托互联网技术进行的采购方式。常见的电子商务平台有中国招标网、中国采招网和 1688 阿里巴巴采购批发网。图 1-26 所示为阿里巴巴 1688 采购平台的核心产品和服务。

图 1-26　阿里巴巴 1688 采购平台的核心产品和服务

电子采购是目前很多企业优先选择的采购方式，它适用范围很广，且具有项目种类丰富、安全系数高、信息全面、节约劳动力成本等优势。其最大的优势在于便捷，与普通的网购流程一样，电子采购大致经历了寻找所需物品、比对商家、筛选商品、选定付款、物流签收和完成交易等步骤。

与传统的采购方式相比，电子采购的优势更突出。电子采购与传统采购的区别，如图 1-27 所示。

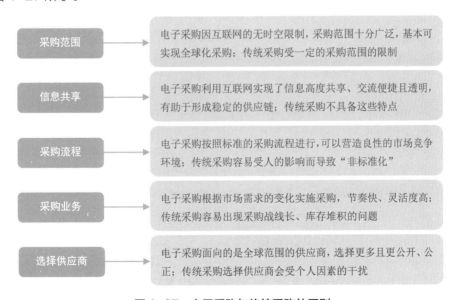

采购范围	电子采购因互联网的无时空限制，采购范围十分广泛，基本可实现全球化采购；传统采购受一定的采购范围的限制
信息共享	电子采购利用互联网实现了信息高度共享、交流便捷且透明，有助于形成稳定的供应链；传统采购不具备这些特点
采购流程	电子采购按照标准的采购流程进行，可以营造良性的市场竞争环境；传统采购容易受人的影响而导致"非标准化"
采购业务	电子采购根据市场需求的变化实施采购，节奏快、灵活度高；传统采购容易出现采购战线长、库存堆积的问题
选择供应商	电子采购面向的是全球范围的供应商，选择更多且更公开、公正；传统采购选择供应商会受个人因素的干扰

图 1-27　电子采购与传统采购的区别

1.4 采购现状：全球化背景下的新型竞争

案例思考：

为响应"节能减排"政策，××汽车公司研发出了新型电动汽车，但最初销售时，发现消费者们并不看好，原因是电动汽车的续航能力低，影响使用。于是，××汽车公司与××电力公司合作，推出了"充电桩"产品与电动汽车一并销售的策略，这才使得电动汽车的销售量增加。试想，要是××汽车公司没有推出"充电桩"产品，电动汽车能不能取得好的销售成绩呢？

随着经济全球化的不断深入，各国、各地区加强合作与交融，共同交织组成了商业生产活动的网络，构建了全球化的利益共同体。

在各个企业内部的生产活动中，也形成了新型的供应链竞争体系。其中，企业的采购在供应链竞争中占据重要位置。本节从供应链竞争特征、供应链管理变革与企业的采购战略三个方面进行详细介绍。

1.4.1 供应链竞争特征

所谓供应链，是指在产品的生产活动中围绕产品的生产商、中间商和用户组成的完整的链条结构。以生产一辆汽车为例，由汽车零件生产商向汽车制造企业提供零件，汽车制造企业将零件组成汽车成品提供给分销商销售或直接销售给用户，这一过程即构成一个供应链。图 1-28 所示为汽车供应链体系。

图 1-28　汽车供应链体系

供应链竞争是指以满足用户需求出发，供应商、制造商与分销商等相互合作，以实现供应链整体的最佳化。它具有以下几个特征。

1. 聚焦个性化需求

供应链竞争，是指供应链中的各个企业以用户的需求为指向进行生产活动，而开展的良性竞争，其过程信息公开与透明，且显现了更多个性化的需求，为供应链提供了活力。

2. 柔性等值的生产

众多生产企业从大众的需求出发进行柔性生产，为当下用户提供所需商品，例如近年来开发出来的智能扫地机器人，由机器承担了可复制的低级劳动，解放了人的双手。

3. "一键式"生产

相对来说，在供应链一环接一环的生产线中，生产效率会因为供应链需要过渡到不同的企业或部门而降低，但在未来的供应链竞争中，会出现智能化工厂与设备来提高生产效率，类似"一键式"生产，从而满足大众所需。

4. 虚拟与现实的碰撞

在智能化时代，当虚拟技术将信息嵌入产品之中进行大批量的产品生产时，供应链的标准化生产与协同合作可起到满足大量需求的作用，但这种模式的标准化生产与协同合作的要求极高，这是未来实行供应链生产的企业的机遇与挑战。

在供应链竞争中，各个企业并非相互独立的，而是相互依赖、共同协作的关系。企业若想在供应链竞争中占据优势，就应当实行供应链的主动管理，将生产活动的全过程进行延伸，不断加固其整体稳定性。

1.4.2　供应链管理变革

供应链管理，是指企业对链条的协同能力的管理，其目的在于优化企业结构、节约企业成本。

供应链管理包含从采购原材料出发到制造商制造出成品，再到分销商销售成品和用户购买成品等所有环节的管理。在不断变化的经济形势下，供应链管理会在 5 个方面呈现出变革趋势，如图 1-29 所示。

关于供应链管理变革的详细内容，具体说明如下。

1. 增强用户需求管理

用户需求会对供应链的上游造成影响，具体表现为供求不稳定，例如生产商过度生产导致库存增多或需求增多出现缺货现象等。因此，企业在进行供应链管理时，需时刻关注终端用户的需求变化。

图1-29　供应链管理变革的5个方面

2. 审查供应链的安全

审查供应链的安全是指对供应商提供产品的质量进行审查,确保最终产品的安全性。以牛奶加工为例,审查其运输方面的安全性,具体需要考察以下几个方面。

(1) 在物流方式上,采用何种物流运输方式更安全。

(2) 在仓储方式上,是否需要冷藏或低温保存。

(3) 在安全保障上,质检与运输过程中是否需要使用特殊设备和技术。

审查供应链的安全,是生产活动中进行供应链管理的重要一环,在任何时候都需要更加深入、更加重视。

3. 延伸供应链的广度

对于较复杂的供应链来说,比起依赖于单个供应商,扩展多个供应商储备供应更有助于供应链整体的优化,这也是防止生产环节中出现差错的有效途径。

4. 优化物流与仓储

在全球化形势下,优化物流与仓储需要把握以下几个变化趋势,具体说明如图1-30所示。

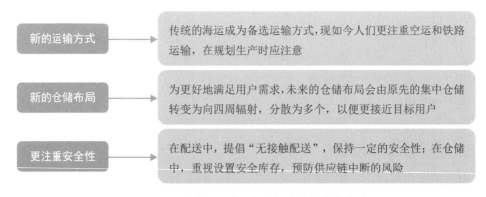

图1-30　全球化形势下物流与仓储的变化趋势

5. 创新组织形态

创新组织形态，是指在供应链各个环节的制度完善与人才管理上，更加重视数字化技术的应用与应急措施的保障，具体说明如图 1-31 所示。

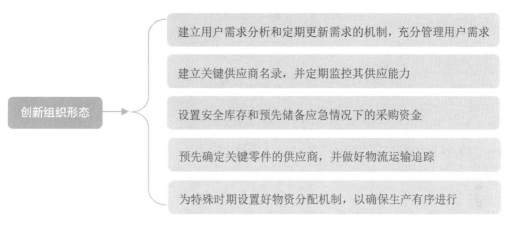

图 1-31　创新组织形态

1.4.3　企业的采购战略

采购战略，是指企业基于供应链竞争特征与供应链管理变革的背景之下，在采购方面采取的应对措施。采购战略有其制定原则和依据，具体说明如图 1-32 所示。

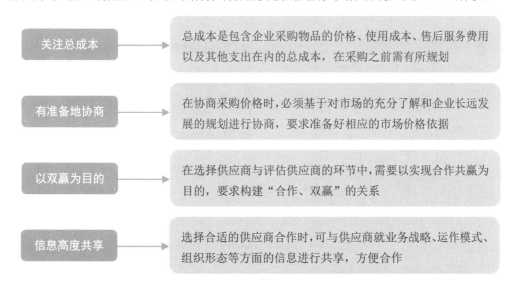

图 1-32　企业采购战略的制定原则和依据

原则上，企业可按照上述制定依据进行相应的战略规划。但在实际采购中，大部分企业在管理层、需求部门和财务部门这 3 个方面都可能面临一定的困境，具体说明如图 1-33 所示。

图 1-33　企业采购面临的困境

为了解决上述困境，企业可结合自身情况，采取数字化采购战略，例如选择数字化采购平台、开发全品类商品供应链和实行采购流程全数字化等战略。详细说明如下。

1. 选择数字化采购平台

在网络技术日益进步的条件下，有众多智能化平台供企业选择，企业可结合自身所需选择其一，提高采购的效率，以促进整体供应链的优化。图 1-34 所示为某数字化采购平台的优势。

图 1-34　某数字化采购平台的优势

2. 开发全品类商品供应链

企业在商品的多样化需求、供应商的选择、价格比对、价格预算匹配、仓储规划等环节中应建立起全面的供应链管理制度，开展与多个供应商的合作模式，对人员实行绩效考核，以提高供应链的整体工作效率。

3．实行采购流程全数字化

企业可建立采购全流程的数字化平台，争取从预算管控、选择商品，到下单审批、结算发货等实现"一站式"数字化服务，使采购流程智能化、高效化。

专家提醒

　　企业在制定采购战略时，需将企业自身的实际情况与采购市场的变化相结合，通过树立整体供应链思维和进行新型的供应链管理来实现采购。

第2章

自我定位：
从职员到管理者

　　从事采购这项工作，无论是作为采购职员，还是作为采购工作的管理者，都需要有清晰的自我定位，将采购的工作要求与自身的职业素养结合起来，使自己在采购之路上更加游刃有余。本章主要指导采购人员进行自我定位。

2.1 四个维度：采购专业化的体现

案例思考：

在××企业的面试会上，当面试官提出"你是怎么理解采购的？"这一问题时，一位应聘者从容不迫地答道："我认为采购是专业化的购物。"随后他对这一观点进行了详细的论证。等他说完后，面试官当即便通知他被录取了。可见，采购人员是需要具备专业的职业素养的。

一次成功的采购，能帮助企业降本增效，而要实现这个目标，就需要采购人员具备专业化的采购知识与能力。那么，如何判断一个采购人员是不是专业人士呢？具体可从采购与供应链 OTEP 模型中的四个维度来判断，即采购组织、采购思维、采购绩效和采购操守。

采购与供应链 OTEP 模型，是构建的一种企业供应管理与人才管理的体系，如图 2-1 所示。本节将从这四个维度入手，为大家讲解采购人员的专业性。

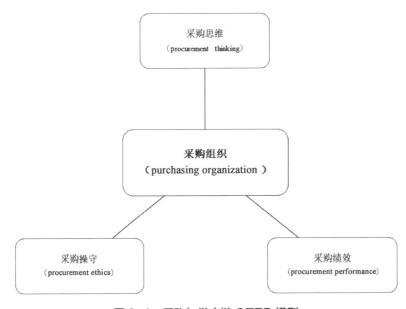

图 2-1 采购与供应链 OTEP 模型

2.1.1 采购组织

采购与供应链 OTEP 模型中的 O 是指采购组织(purchasing organization)，是企业为完成采购任务而设置的专门的采购机构，即企业的采购部门。

　　采购组织在企业中的地位需要根据情况而定，如作为独立的采购部门、只负责物品采购的部门或隶属于其他部门等，具体职能包括采购管理、管理订单、查验票据等。具体职能说明如图 2-2 所示。

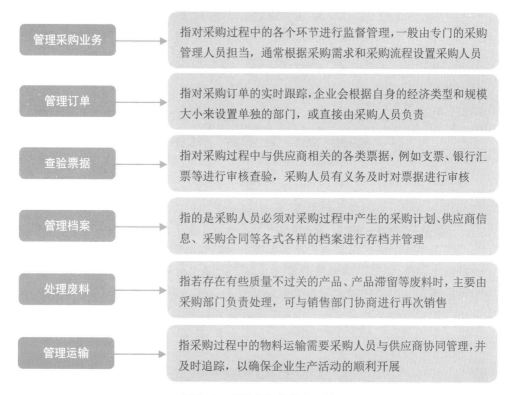

图 2-2　采购组织的基本职能

　　基于上述采购组织的各项职能，企业对于采购组织的架构，可分为分权型采购组织和混合型采购组织两种形式，具体说明如下。

　　(1) 分权型采购组织是将采购组织所包含的各项职能分散给不同的部门，例如采购计划的拟订由财务部门负责、处理废料由销售部门负责等。图 2-3 所示为分权型采购组织示意图。

　　(2) 混合型采购组织是在企业的整体组织架构上设置专门的采购部门，同时各个部门按照需求也具有采购职能，如图 2-4 所示。

　　若企业有单独设置的采购部门，那么其采购部门的内部架构会随着企业的规模大小而有所不同。图 2-5 所示为大型企业的采购部门组织架构；图 2-6 所示为中型企业的采购部门组织架构。

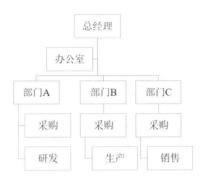

图 2-3　分权型采购组织

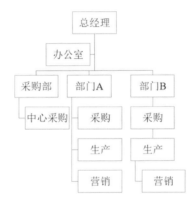

图 2-4　混合型采购组织

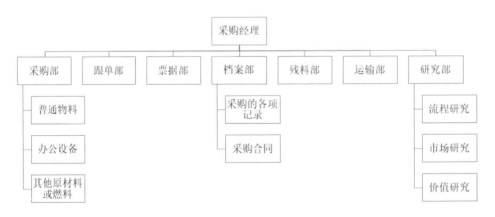

图 2-5　大型企业的采购部门组织架构

图 2-6　中型企业的采购部门组织架构

2.1.2　采购思维

所谓"三思而后行"，其内涵是告诫人们要先思考后行动。采购与供应链 OTEP 模型中的 T 是指采购思维(procurement thinking)，就是一种先于采购行为的思考。建立采购思维的主体包含采购管理者、采购职员以及采购工作的相关人员。

那么，在进行采购行为之前，采购人员需要思考哪些问题(即采购思维包含哪些要素)呢？具体来说，采购人员建构采购思维需要包含角色思维、赢利思维、供应链思维和财务思维四个方面。下面进行具体介绍。

1.　角色思维

角色思维，是指采购人员对采购这一职业的自我认知，包括对采购知识的充分了解和职业规划两个方面。具体说明如下。

(1) 对采购知识的充分了解。这是采购人员的基本职业素养，包含了解采购的概念和内涵、熟悉采购的工作流程以及熟练掌握采购方式等。

(2) 职业规划。职业规划即工作目标，是采购人员从事采购工作的自我约束。采购人员在充分了解采购知识的基础之上，制定出自己从事这一职业的规划，具体可按照以下方法来制定，如图 2-7 所示。

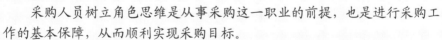

专家提醒

采购人员树立角色思维是从事采购这一职业的前提，也是进行采购工作的基本保障，从而顺利实现采购目标。

2.　赢利思维

赢利思维，是一种双赢思维，是指个人规划与企业战略的相互成就、互利共赢。具体而言，采购人员可按照以下 3 种方法构建赢利思维，如图 2-8 所示。

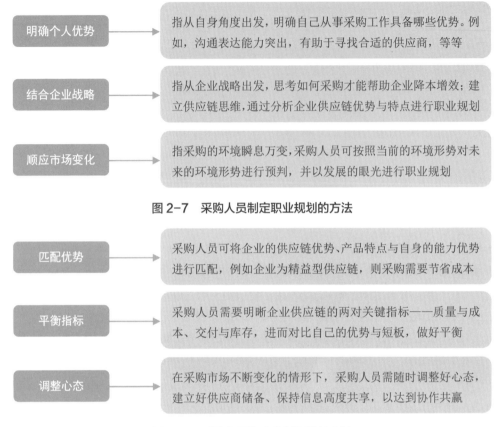

图 2-7　采购人员制定职业规划的方法

图 2-8　采购人员构建赢利思维的方法

3. 供应链思维

供应链思维，是指进行采购行为的全局观。采购人员在进行采购时，必须摒弃"头痛医头，脚痛医脚"的思维观念，构建生产活动中从产品开发、生产到成品销售等一系列完整的流程思维。如果其中某一环节出现问题，那么就要以整体与部分相结合的全局观念思考解决方案。

更多的时候，供应链思维主要体现在供应链的管理上，主要表现在以下 3 种思维方式的运用上。

(1) "木桶"思维。"木桶"思维是指在供应链的管理上经常以最短板入手整顿，重点聚焦于制造行业中的人员、设备、原材料、方法等方面。图 2-9 所示为"木桶"思维的基本原理。

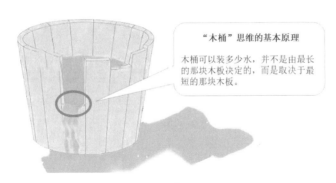

图 2-9 "木桶"思维的基本原理

（2）缓冲思维是指在设置库存时多备一些产品，如设置前置仓，在买家还没下单之前就把产品放置在买家附近的仓库，以达到产品多、快速送达的目的。这种思维是为了应对市场的不确定性而采取的措施。

（3）"优化配置"思维。"优化配置"思维体现在资金的最优配置上，采购成本的节约即为最优配置。

4．财务思维

财务思维，是指采购人员为节约企业成本而建构的思维。这一思维建立在一定的财务知识积累的基础之上。也就是说，采购人员需要懂一些会计、税法等财务方面的知识。

为顺应市场的变化，在具体的采购活动中，又要求采购人员建构新的采购思维，具体说明如图 2-10 所示。

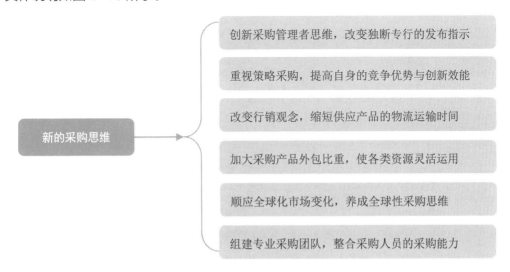

图 2-10 新的采购思维

专家提醒

采购外包是企业将一些采购活动对外承包给专业的供应商，供应商以自身的专业性为企业实现降本增效。采购外包是企业采取的采购战略之一，可方便企业创造效能以及提高核心竞争力。

2.1.3 采购绩效

采购与供应链 OTEP 模型中的 P 是指采购绩效(procurement performance)，是指对采购人员的采购能力进行评估、考核，涵盖采购的成本支出、效率、价值、产品质量等多个方面。

采购绩效评估是以 5R(R 为 right 的缩写，即适时、适地、适质、适量、适价)为核心依据来考核的，具体评估指标的详细内容如图 2-11 所示。

采购绩效关乎采购人员的工作能力，是采购人员薪资构成的直接依据。各类不同的企业，会结合自身的实际情况制定出合适的采购绩效考核指标，如图 2-12 所示。

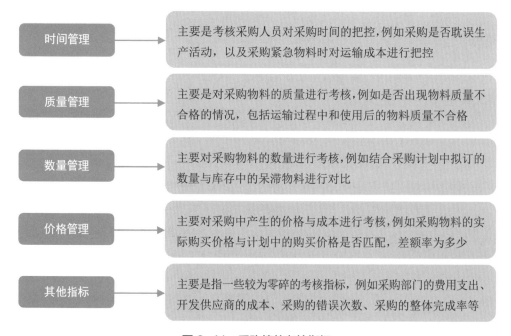

图 2-11　采购绩效考核指标

采购部××××年××月绩效考核表

被考核人：		职务：				
考核指标	评价内容	评价标准	权重	自评	测评	决定
工作纪律 （10分）	个人考勤	按时上下班与值班，服从工作安排。迟到、早退1次扣3分，不服从或旷工，此项考核为0分	6			
	遵章守纪	警告以上处分扣4分，奖励1次加4分	4			
管理绩效 （75分）	制订采购计划	主持采购部各项工作，提出公司物资采购计划；（特采除外）未制定或没有具体的执行周期，不合格项扣2分	5			
	物品采购管理、及时率	及时了解公司各部门物资需求及消耗情况； 熟悉各种物资的供应渠道和市场变化情况； 按体系要求完善供应商资料； 采购物资跟踪检测协助办理入库手续； 按公司规定的合理库存进行采购，既不能影响生产，又不能超储积压 目标：≥98%；每低于目标1%扣2分，不足1%的按1%算；低于94%的，此项考核为0分	10			
	存货周期管理与生产支持	改进采购的工作流程和标准，通过尽可能少的流通环节，减少库存的单位保存时间和额外支出的发生，以达到存货周期的目标；影响1次扣5分，当月连续2次发生影响生产事件，此项考核为0分	10			
	异常问题处理及时性、协调速度和效果	监控跟踪采购计划的执行进度，对异常情况随时作出调整，并及时上报；出错一次扣5分，当月连续2次发生未及时处理事件，此项考核为0分	10			
	采购物品价格合理性	采购成本下降率，公司目标达成得满分；原辅材料采购物品价格是否合理	10			
	管理有效性	定期或不定期地组织本部门人员进行分析讨论、总结经验，改进工作方式，提高效率、降低成本。每月至少2次以上，对于部门人员进行工作交流，少1次扣5分	10			
	采购原则	对所选样的规格、质量全权负责采购比价，是否建立"货比三家"确认价格/品质的可比性，稽核部门的采购流程是否遵守以上原则，不合格项每次扣3分	10			
	个人管理有效性	交期预警及采购交期进度反馈及时处理； 供应商信息资料管理完整性； 供应商付款处理情况； 问题记录、解决及沟通询比价工作的执行情况； 规范管理档案； 呆料和退货及时处理； 合理库存量控制。 以上不及时或未处理者每次扣5分，2次及以上者此项考核为0分	10			
其他考核 （15分）	扣分因素	通知开会迟到、早退1次扣2分，无故缺席1次扣5分	5			
	执行力	公司部署临时工作任务，在规定完成时间内未落实的，1项扣5分	5			
	协作性	不配合、不响应其他部门的工作请求，造成质量差的一次扣2分	5			
奖惩	特殊贡献奖励、重大失误处罚	当月有（本职或部门以外工作）具体事项者，为公司节约成本或创造效益之情况，可加2~10分。由于采购员工作失误，不按计划采购，造成公司停产，一次处罚500元 具体事迹描述：				
最终评价得分：			100			
核准：	审核：	制定：采购部				

图 2-12　某企业月度采购绩效考核表

2.1.4 采购操守

采购与供应链 OTEP 模型中的 E 是指采购操守(procurement ethics)，是指采购人员的职业道德准则，是企业为规范采购人员的行为而制定的规约，也是采购人员从事采购这一职业的道德水准。

采购操守是一种主动行为与被动约束的规范，它需要采购人员在采购过程中自觉地遵守。因此，采购人员必须规避以下几种不道德的行为，如图 2-13 所示。

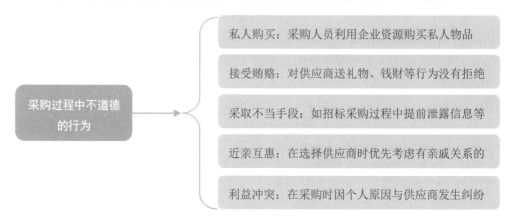

图 2-13 采购过程中不道德的行为

采购操守是一种最低的道德底线，若采购人员触及，则可能会损害自己和企业的名誉，甚至承担法律责任。采购人员在进行采购时，必须严格遵守企业的采购职业规约，加强自我约束。图 2-14 所示为某公司的采购管理制度(节选)。

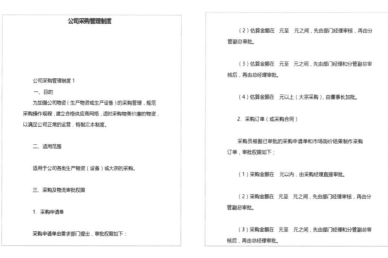

图 2-14 某公司的采购管理制度(节选)

2.2 采购人员定位：岗位职责与要求

案例思考：

一年前，小李决定成为一个采购员仅仅是因为她觉得自己的砍价能力很厉害，想要发挥长处。但当她真正接触采购工作之后，才恍然明白，自己的砍价能力根本不值一提，要想成功实现采购，还需要团队协作。你是否也像小李一样对采购工作存在片面的认识呢？

根据采购流程的不同，从事采购的采购人员会隶属于不同的岗位并承担不同的职责。例如，采购主管负责采购过程中各个环节的任务分配与把控等，而采购人员具体从事哪一个岗位，需要结合采购人员的能力以及职业规划来确定。本节将具体阐述采购人员的岗位职责与要求，为大家的职业规划提供参考。

2.2.1 工作职责

采购工作职责是从事采购这一职业必须履行的义务与完成的任务。一般而言，企业会根据采购的工作内容设置采购岗位，并招聘相关采购人员来完成采购任务。

采购工作大致可分为管理工作、技能培训、资金安排、部门协作以及对接供应商5个方面，具体说明如下。

1. 管理工作

管理工作是指采购人员对采购过程中的各个环节进行把控，采购的具体行为活动由采购管理人员指定专人完成。这一工作的具体职责包含以下几点，如图 2-15 所示。

图 2-15 采购管理工作的具体职责

2. 技能培训

技能培训是指采购人员在面对自身的采购能力不足时，通过培训提高自身能力。一般来说，采购人员会在采购计划的拟订、谈判技巧的掌握以及采购过后的反思总结 3 个方面加以提升。

采购过后的反思总结是一种采购习惯的养成，需要采购人员具备一定的经验积累，才能更加地熟练采购。

3. 资金安排

资金安排是对采购过程中所有的费用支出进行合理配置，具体包含以下 3 个方面，如图 2-16 所示。

图 2-16　采购资金的合理配置

4. 部门协作

采购人员一般隶属于专门的采购部门，但由于采购环节中存在多道工序，有时需要其他部门进行协作。因此，部门间的协作也是采购人员的工作内容之一。

一般而言，这一工作需要采购人员与仓库、技术部以及品管部相互配合，具体说明如图 2-17 所示。

图 2-17　采购人员与其他部门的协作

5. 对接供应商

与供应商沟通，是采购人员的日常工作。采购一项产品，在选择供应商、确定供应商、评估供应商，以及管理供应商等方面都会涉及与供应商的对接。其中，产品的合格证明、合同的签订、供应商的交货期，以及供应商的售后服务等需要采购人员重点关注。图 2-18 所示为企业对接供应商的流程。

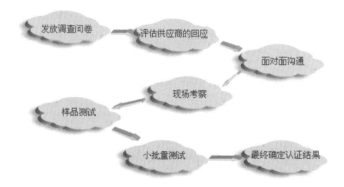

图 2-18　企业对接供应商的流程

专家提醒

　　企业在对接供应商时，需要与供应商进行友好沟通，因为新型的采购方与供应商的关系是一种平等互惠、合作共赢的关系。为了构建这类新型关系，采购方与供应商之间应建立同样的价值观念。例如，在降低成本与获得效益方面的追求等，以及双方保持信任，进行信息互通共享。

2.2.2　岗位要求

　　因企业的采购需求和工作内容的不同，采购的不同岗位会有不同的要求，具体表现在采购产品的质量以及采购人员的任职资格两个方面。下面就这两个方面进行详细说明。

1. 对采购产品的要求

　　采购的目的是获取产品，且采购的各个岗位设置也是为了达到这一目的，因此采购岗位的首要要求是采购人员能及时、高效、保质保量地完成采购产品的任务，如图 2-19 所示。

图 2-19　对采购产品的要求

2. 对采购人员的要求

由于采购的工作内容涉及多个方面，通常企业会根据其不同的内容设置不同的工作岗位，而每一个岗位对采购人员的能力要求也会有所不同。图 2-20 所示为某企业不同的采购岗位对采购人员的任职要求。

部门	岗位	教育背景	基本技能	经验	职责	权限
公司	管理者代表	中等或以上学历	具有良好的沟通、协调和指挥能力，能与各级人员做好沟通，了解本公司产品的生产流程	具有四年以上工作经验，并有两年以上本公司管理经验	建立、实施和保持质量管理体系及其内外部联系 向总经理报告质量管理体系的运行情况，在全体员工中形成顾客至上的意识	有权督促各部门按交件规定要求作业，并按规定要求开展内部审核
办公室	主任	中等或以上学历	有良好的沟通、协调能力，能与各级人员进行沟通，熟悉国家有关劳动人事法规	具有四年以上工作经验，并有两年以上文档管理经验	1.做好文档及各项规章制度管理工作； 2.制订培训计划并协助组织培训工作； 3.根据公司的需求情况负责招聘员工	有权对横向部门进行协调
供销科	科长	中等或以上学历	1.具有良好的谈判技能和良好的市场意识； 2.具有良好的成本意识，能在质量、成本、价格、服务上进行综合评价； 3.具有良好的领导能力，能处理市场营销过程中出现的各类突发性事件	1.具有四年以上工作经验，并至少有三年以上的销售经历； 2.具有本行业的实际工作经验	1.组织市场调研了解顾客需求，了解竞争对手情况，扩大产品销售； 2. 做好合同评审工作，与顾客传递信息，及时处理顾客反馈意见，切实做好售后服务工作； 3.保证产品按期交付顾客，满足顾客要求； 4.在市场上开发合适的供方，持续监控供方的供货业绩	1.顾客反映质量问题，有权督促生产厂家采取措施进行改进； 2.有权要求生产部门按顾客的交货期限进行交货
	业务员	中等学历	1. 具有良好的谈判技能； 2. 具有良好的市场意识，能与外界客户进行谈判	1.具有三年以上的采购经验； 2.具有营销工作的实际经验，熟悉本公司产品的一般性能	1.按计划负责原辅材料的采购，保证采购的质量符合标准； 2.监控供方的供货业务和质量； 3.及时完成领导分配的营销任务，做好售前、售中、售后服务工作	对不合格的材料有权拒绝采购，并有权建议另选供方

图 2-20　某企业不同采购岗位对采购人员的任职要求

2.2.3　绩效考核

绩效考核是企业为确保采购成功而采取的一种考核方式。绩效考核主要通讨制定米购标准、实行奖惩机制来激励采购人员。考核指标以前文提到的 5R 为标准。绩效考核原则的具体说明，如图 2-21 所示。

图 2-21　绩效考核原则

企业制定绩效考核的方式，主要以目标管理与工作表现比对的方式进行。其中，目标管理可以制定采购目标管理卡（模板如图 2-22 所示），工作表现也可以制定专门的员工绩效考核管理办法(模板如图 2-23 所示)。

项目次序	目标（项目及数值）	重要性/%	工作计划	阶段	工作进度/%				工作条件	自行检讨	考评
					3月	6月	9月	12月			
1	降低采购成本 5%～10%	35	检查同类物品购买数量，协议付款条件，以 1 月份为参考标准	计划	15	20	30	35	加强工程设计通用性		
				实绩							
2	提高交期准确率至 95%	25	加强厂商辅导，严格制定厂商评鉴与奖惩标准，把握采购前置期	计划					生产计划的稳定性		
				实绩							
3	每月开发新供应商 5 家	20	了解专业期刊资讯，针对供应商较集中的物品开发新厂商	计划					减少策略性限制		
				实绩							
4	加速呆滞料处理，控制于库存总额 5%以内	15	每月召开呆滞料处理会议审核把关，定期追踪生产变更状况	计划	25	25	25	25	减少工程设计变更		
				实绩							
5	提高事务效率，简化工作流程	5	检查电话订货的可行性，扩大小量采购，借助计算机进行处理	计划	20	25	25	30	计算机购买		
				实绩							

图 2-22　采购目标管理卡模板

XXXX工程有限公司员工绩效考核管理办法

第一章：总则

第一条 为全面了解、评估员工工作绩效，提高企业对人力资源控制和配备的有效性，通过科学考核发现人才、使用人才，为员工提供一个竞争有序、积极向上的工作氛围，特制定本办法。

第二章：适用范围

第二条 本办法适用于公司全体员工。

第三章：考核原则

第三条 坚持公平、公正、公开的"三公"原则。要求考核者对所有的考核对象一视同仁、对事不对人。坚持定量与定性相结合，建立科学的考核要素体系与考核标准。

第四条 坚持全方位考核的原则。采取自我鉴定、上下级之间考评、外部考评、考核领导小组考核相结合的多层次考核方法，使所有层次的员工均有机会参与公司管理和行使民主监督权力。

第五条 坚持责、权、利三者相结合的原则。

第六条 坚持实行考核定期化、制度化的原则。

第四章：考核目的

第七条 考核目的：

1. 确定员工岗位薪酬、奖金、福利待遇的重要依据；

2. 确定员工职务晋升、岗位调配的重要依据；

3. 获得专业（技能）培训、潜能开发的主要依据；

4. 鞭策后进、激励先进；

图 2-23　员工绩效考核管理办法模板

2.2.4　品德素养

采购关乎企业的整个生产环节，是企业(尤其是制造型企业)运营成功的关键，因此采购的成功尤为重要。

大部分企业为表现出对采购的重视，会在招聘采购人员时，对其思想品德、职业素养等进行评估，而这些标准也是采购人员从事采购这一工作所必需的条件。图 2-24 所示为某企业制定的采购员职业道德守则。

具体而言，采购人员的品德素养涵盖思想品德素养、学问学识素养和采购能力素养 3 个方面，详细说明如图 2-25 所示。

企业为提高采购人员的素养，通常会采取以下措施，如图 2-26 所示。

作为一名采购人员，若想提高自身的职业素养，采购人员可在采购的理论知识、采购视野和品行 3 个方面采取有效措施，详细说明如图 2-27 所示。

此外，在提高企业采购人员的品德素养时，还可结合"三位一体"的道德采购原则采取相应的措施，如图 2-28 所示。

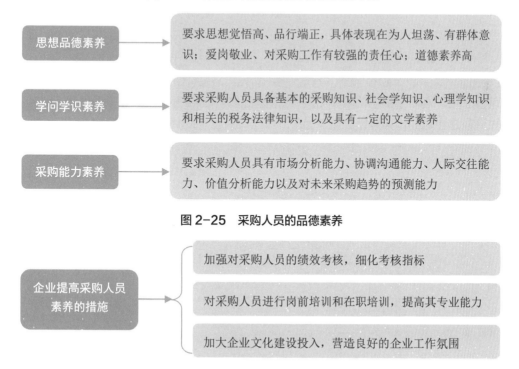

采购员职业道德守则

×××集团和/或附属公司（统称"×××公司"或"×××集团"）要求其所有从事采购对外工作活动的员工（统称"采购员"），在进行商业交易时必须本着诚实、正直和公平的态度对待所有供应商及潜在供应商。同时，×××集团也希望所有供应商及潜在供应商能以同样态度和职业道德对待我们的采购员。为此，×××集团全体采购员都应遵守采购员职业道德守则，并时时刻刻都用之来约束自己。

一、对公司的责任

×××作为采购员，我的第一责任就是在与供应商的商业交往过程中忠于×××集团，保护×××集团利益。为本守则之目的，供应商包括全部现有及潜在的货物和服务供应商（以下简称为"供应商"）。我坚持不懈地遵循×××集团的合法指示，以展示我对×××集团的忠诚，我绝不使用×××集团的购买影响力为个人谋利。

二、信息资料保密

我在处理机密信息资料时会注意保密，并按照×××集团相关政策进行处理。供应商可能也会向我透露部分机密的或专属的资料。如供应商要求我要对此信息保密并不向第三方披露，在未经供应商书面允许前不会将供应商的机密信息透露给任何第三方。我保证不会将供应商提供给我的信息资料（包括不限于价格信息）透露给与他们有竞争关系的公司。

三、礼物和娱乐款待

不论是以直接或间接的方式，我不应向任何供应商索要或接受任何回扣、礼物和娱乐款待，若供应商有此提议或邀请，我应婉言谢绝。

原则上，我不接受任何款待、商务宴请或类似事项。作为商业惯例，该等款待或商务宴请等不可避免时，应及时请示直属领导及公司领导意见并同意，由公司来支付该等款待或商务宴请等所发生的费用。

图 2-24 某企业制定的采购员职业道德守则

思想品德素养	要求思想觉悟高、品行端正，具体表现在为人坦荡、有群体意识；爱岗敬业、对采购工作有较强的责任心；道德素养高
学问学识素养	要求采购人员具备基本的采购知识、社会学知识、心理学知识和相关的税务法律知识，以及具有一定的文学素养
采购能力素养	要求采购人员具有市场分析能力、协调沟通能力、人际交往能力、价值分析能力以及对未来采购趋势的预测能力

图 2-25 采购人员的品德素养

企业提高采购人员素养的措施	加强对采购人员的绩效考核，细化考核指标
	对采购人员进行岗前培训和在职培训，提高其专业能力
	加大企业文化建设投入，营造良好的企业工作氛围

图 2-26 企业提高采购人员素养的措施

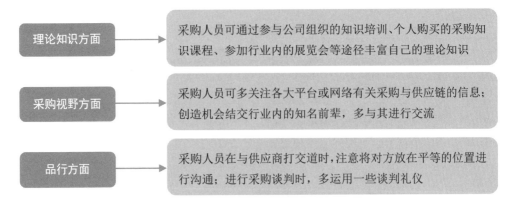

图 2-27　采购人员提高自身职业素养的有效途径

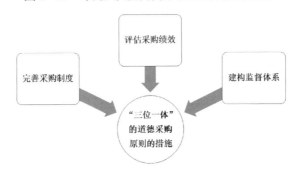

图 2-28　"三位一体"的道德采购原则的措施

　　所谓道德采购，是企业给予社会的采购承诺。采购承诺是指企业从诚信经营的道德层面出发，保证会所销售的产品是合法合理的，主要表现为承诺采购的商品来自正规渠道且是合法的，其运行涵盖产品生产过程、监管、控制等机制，如图 2-29 所示。

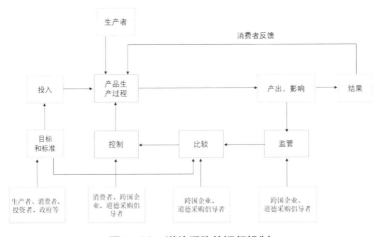

图 2-29　道德采购的运行机制

2.3 未来发展：采购工作的机遇与挑战

案例思考：

近年来，互联网的快速发展为企业的采购工作提供了很大的便利，企业可以通过采购云平台了解到更多供应商的信息、快速筛选出所需物品以提高采购的效率，但与此同时，纷繁复杂的信息又难以辨认真假，增加采购的成本。对此，你怎么看？

随着社会经济形势的不断发展变化，从事采购的专职人员会面临许多机遇与挑战。例如，在采购物品的运输方面存在困难，但同时人们又开发出了新型的无接触运输方式等。

对于在职的采购人员或即将成为采购人员的人而言，提前了解机遇与挑战并存的局面，可帮助其预先采取一定的应对措施。本节将对采购工作中遇到的机遇与挑战进行具体介绍。

2.3.1 机遇与挑战

在新形势下，从事采购工作的采购人员会面临哪些机遇与挑战呢？下面先介绍采购工作中遇到的挑战，再介绍其机遇。

1. 采购工作中遇到的挑战

采购人员在进行采购工作时，可能会面临以下几个挑战，具体如图 2-30 所示。

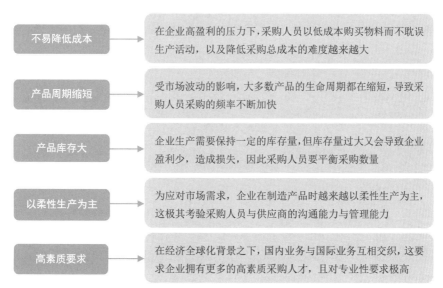

不易降低成本	在企业高盈利的压力下，采购人员以低成本购买物料而不耽误生产活动，以及降低采购总成本的难度越来越大
产品周期缩短	受市场波动的影响，大多数产品的生命周期都在缩短，导致采购人员采购的频率不断加快
产品库存大	企业生产需要保持一定的库存量，但库存量过大又会导致企业盈利少，造成损失，因此采购人员要平衡采购数量
以柔性生产为主	为应对市场需求，企业在制造产品时越来越以柔性生产为主，这极其考验采购人员与供应商的沟通能力与管理能力
高素质要求	在经济全球化背景之下，国内业务与国际业务互相交织，这要求企业拥有更多的高素质采购人才，且对专业性要求极高

图 2-30 采购人员可能面临的挑战

随着"互联网＋"模式的开展，传统的采购思维受到冲击，采购方式在面临转型升级时，也遇到了一些难题，这对采购人员提出了较高的要求。以"互联网＋"招标采购为例，在采购过程中面临着以下几个难题，如图2-31所示。

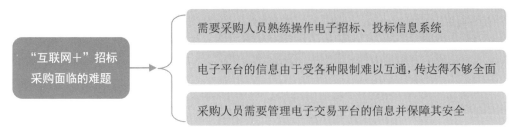

图2-31 "互联网＋"招标采购面临的难题

专家提醒

 "互联网＋"即"互联网＋各个传统行业"，是基于互联网发展而催生出来的一种新型经济形态，广泛运用于工业、商贸、智慧城市和通信、交通等多个领域，有助于企业产业升级与社会资源的合理配置。

2. 采购工作中的机遇

新形势下，采购工作在面临众多挑战的同时，也带来了一些机遇，具体表现在以下4个方面。

(1) 大数据的运用。大数据的运用是指采购过程中使用信息技术整合或筛选信息来完成采购。以政府采购云平台(见图 2-32)为例，它可通过比对供应商的历史数据来预测其中标的概率。

图2-32 政府采购云平台

（2）区块链的运用。区块链的运用是指将同一系统内的信息分为不同的区块，每个区块分别包含一个信息，共同组合成为一个链条，在采购中主要用于采购物品的物流追踪。例如，沃尔玛采用区块链的模式对猪肉的运输过程进行追踪。区块链中包含区块头和交易记录的多个区块共同组成，如图 2-33 所示。每形成一个新的区块，系统都会将其接到上一个区块的后面，从而构成一条由区块组成的长链。

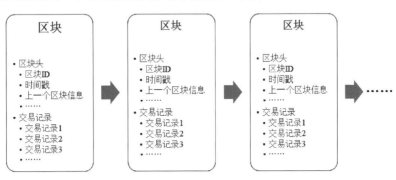

图 2-33　区块链由多个区块组成

专家提醒

　　对于区块链，可简单地理解为用链接把区块连接起来，其本质就是一个记录所有交易的大账本，所有人都可以按照序列查询、打包成块的数据。

（3）采购云的兴起。采购云即电子采购平台，其功能与个人购物中常用的电子购物平台类似，是按照企业资源计划(enterprise resource planning，ERP)为企业定制采购服务的一种系统。图 2-34 所示为某采购云平台的服务。

图 2-34　某采购云平台的服务

值得注意的是，ERP 是为制造业企业提供采购计划并拟定服务的一种信息系统，它可以涵盖整个供应链范围。图 2-35 所示为 ERP 的涵盖业务。

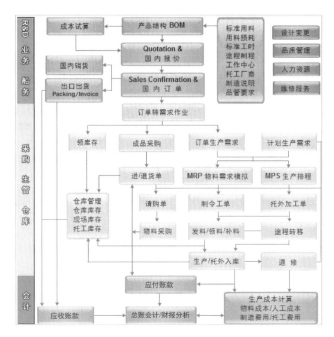

图 2-35 ERP 的涵盖业务

其中，BOM 是 bill of material 的缩写，是指物品清单；Quotation 是指行市，是贸易往来中的市场报价；Packing/invoice 意为包装或发票；Sales Confirmation 意为销售确认书；MRP 是 material requirement planning 的缩写，意为物资需求计划；MPS 是 master production schedule 的缩写，意为主生产计划，这些都是拟订采购计划时需要用到的数据或信息。

(4) 采购变革。在新形势背景之下，企业变革采购中的采购组织、采购流程与采购人员等事项迫在眉睫。具体而言，企业需要进一步培训采购管理人员、优化采购业务流程，以及适当地使用采购技术。

《保障中小企业款项支付条例》(以下简称《条例》)的出台为企业的采购带来了一些机遇，让采购人员有了更多的发挥空间，具体说明如图 2-36 所示。

图 2-36 《条例》的出台为采购人员带来的机遇

专家提醒

《保障中小企业款项支付条例》是为营造好的采购与供应环境而出台的及时支付款项的法规，与采购息息相关。图 2-37 所示为《保障中小企业款项支付条例》的部分内容。

第二条 机关、事业单位和大型企业采购货物、工程、服务支付中小企业款项，应当遵守本条例。

第三条 本条例所称中小企业，是指在中华人民共和国境内依法设立，依据国务院批准的中小企业划分标准确定的中型企业、小型企业和微型企业。所称大型企业，是指中小企业以外的企业。

中小企业、大型企业依合同订立时说满足的企业规模类型确定。中小企业与机关、事业单位、大型企业订立合同时，应当主动告知其属于中小企业。

第四条 国务院负责中小企业促进工作综合管理的部门对机关、事业单位和大型企业及时支付中小企业款项工作进行宏观指导、综合协调、监督检查。国务院有关部门在各自职责范围内，负责相关管理工作。

县级以上地方人民政府负责本行政区域内机关、事业单位和大型企业及时支付中小企业款项的管理工作。

第五条 有关行业协会商会应当按照法律法规和组织章程，完善行业自律，禁止本行业大型企业利用优势地位拒绝或者迟延支付中小企业款项，规范引导其履行及时足额payment付中小企业款项义务，保护中小企业合法权益。

第六条 机关、事业单位和大型企业不得要求中小企业接受不合理的付款期限、方式、条件和违约责任等交易条件，不得违约拖欠中小企业的货物、工程、服务款项。

图 2-37　《保障中小企业款项支付条例》的部分内容

2.3.2　对策与建议

若采购工作处于上述情形中，采购人员可以采取怎样的对策来迎接挑战与抓住机遇呢？下面从企业的采购组织与采购人员两个层面，为大家提供一些对策与建议。

1. 采购组织层面

采购组织的行为由企业整体来决策，因此采购组织代表了企业层面。在新形势的浪潮下，采购组织可从以下 4 个方面采取措施。

（1）加大采购的招标力度，为企业发掘出更多、更好的供应商资源，具体措施如图 2-38 所示。

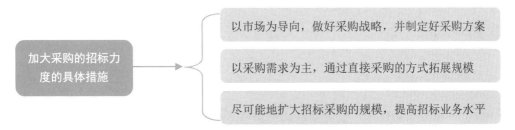

图 2-38　加大采购的招标力度的具体措施

（2）推进境外采购与完善仓储物流，为采购产品的多元化与安全化提供保障，具体内容如图 2-39 所示。

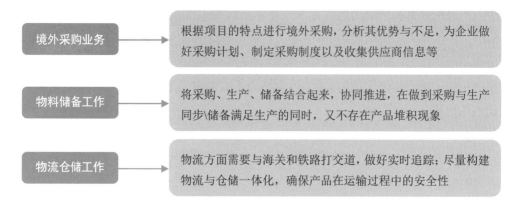

图 2-39 推进境外采购与完善仓储物流的具体内容

（3）加强风险防控，做好"居安思危"的准备。企业进行风险防控的准备如图 2-40 所示。

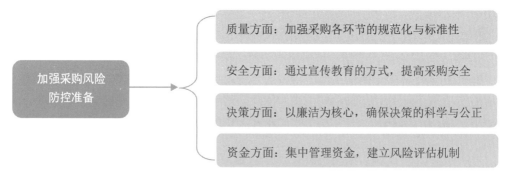

图 2-40 加强采购风险防控的准备

专家提醒

采购任务主要由采购组织负责、其他组织协同。例如，采购产品运输不及时，耽误企业生产，或是产品在质量上出现问题，无法追究责任等，都由采购组织负责。因此，采购组织要在采购的各个环节做好管理与监督，做好风险规避。

（4）严格管理采购组织，推进各项机制与体系的建立，具体包含以下几点。

● 完善业务流程机制，按照国际采购物品的标准来完善。图 2-41 所示为《机电产品国际招标投标实施办法(试行)》中的部分规定。

机电产品国际招标投标实施办法（试行）

第一章 总则

第一条 为了规范机电产品国际招标投标活动，保护国家利益、社会公共利益和招标投标活动当事人的合法权益，提高经济效益，保证项目质量，根据《中华人民共和国招标投标法》（以下简称招标投标法）、《中华人民共和国招标投标法实施条例》（以下简称招标投标法实施条例）等法律、行政法规以及国务院对有关部门实施招标投标活动行政监督的职责分工，制定本办法。

第二条 在中华人民共和国境内进行机电产品国际招标投标活动，适用本办法。

本办法所称机电产品国际招标投标活动，是指中华人民共和国境内的招标人根据采购机电产品的条件和要求，在全球范围内以招标方式邀请潜在投标人参加投标，并按照规定程序从投标人中确定中标人的一种采购行为。

本办法所称机电产品，是指机械设备、电气设备、交通运输工具、电子产品、电器产品、仪器仪表、金属制品等及其零部件、元器件。机电产品的具体范围见附件1。

第三条 机电产品国际招标投标活动应当遵循公开、公平、公正、诚实信用和择优原则。机电产品国际招标投标活动不受地区或者部门的限制。

图 2-41　《机电产品国际招标投标实施办法(试行)》中的部分规定

- 建立信息安全管理体系，可结合 ERP 进行系统开发，深入信息互通与技术的运用。
- 制定采购物品的标准，以专业团队的指导意见制定采购入库和入库后的维护标准。
- 优化各项采购规章制度，对过时、不适配、无效的内容进行删减，形成完善且可实施的制度。
- 组建专业的采购团队，以采购目标为导向，制订人才培养计划，组建专业化、系统化的人才队伍。
- 严格执行公开、透明的绩效考核，以采购效益为目标，构建绩效考核机制，加大采购绩效与薪资比例、岗位晋升、评优等的匹配度。

2. 采购人员层面

采购人员在面对采购工作中存在的挑战与机遇时，应采取怎样的措施呢？首先采购人员应重视职业规划，然后提升采购能力，具体说明如下。

（1）重视职业规划。这里所说的采购人员的职业规划，主要是指采购人员对岗位发展的职业规划。设置详细的岗位需求，有助于激发采购人员的工作动力。图 2-42 所示为采购人员的岗位发展参考。

（2）提升采购能力。提升采购能力具体包含以下内容，如图 2-43 所示。

1．采购助理 → 采购工程师 → 采购经理 （供应链经理）→ 采购总监（供应链总监）

2．采购助理 → 采购工程师 → 采购经理 （供应链经理）→ 生产（质量）经理 → 运营总监 （GM）

3．采购助理 → 采购工程师 → 采购经理 （供应链经理）→ 创业

4．采购助理 → 采购工程师 → 采购经理 （供应链经理）→ 采购总监（供应链总监）→ 高级培训师

图 2-42　采购人员的岗位发展参考

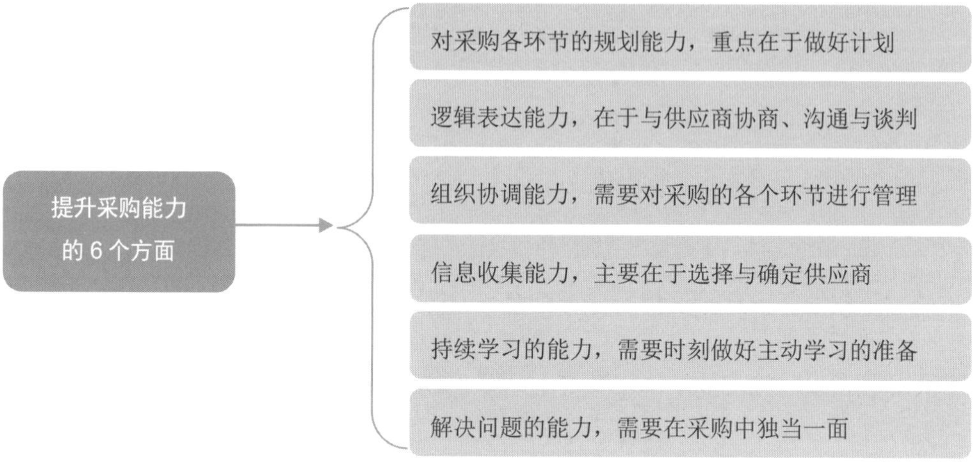

提升采购能力的 6 个方面

对采购各环节的规划能力，重点在于做好计划

逻辑表达能力，在于与供应商协商、沟通与谈判

组织协调能力，需要对采购的各个环节进行管理

信息收集能力，主要在于选择与确定供应商

持续学习的能力，需要时刻做好主动学习的准备

解决问题的能力，需要在采购中独当一面

图 2-43　提升采购能力的 6 个方面

第 3 章

专业提升：
教你做专业采购

要想成为一名专业的采购人员，除了熟悉必要的采购知识外，还需掌握一些与采购相关的会计知识、税务知识以及发票常识，这样才能确保采购行为更"内行"。本章将为大家详细介绍采购的相关专业知识。

3.1 必要知识：与采购相关的会计知识

案例思考：

××企业新采购了一批材料，与供应商约定货到付款，并且采用银行转账付款的结算方式。思考：在××企业的公司账簿中，这笔货款应登记为什么类型的支出呢？

在采购过程中，会用到一些与账单、账款相关的会计知识，若采购人员不具备这方面的知识，就容易造成采购失误。为确保采购行为的专业化与准确性，采购人员必须掌握一些会计知识。本节将对采购过程中涉及的相关会计知识进行简要的介绍。

3.1.1 票据知识

票据，即有价证券，是出票人承诺支付一定金额给持票人的书面凭证。图 3-1 所示为手机销售专用票据模板。

图 3-1　手机销售专用票据模板

票据主要起书面承诺的作用，对出票人带有法定的、"见票支付"的约束作用。从这一层面而言，票据具有以下 3 个主要特点，如图 3-2 所示。

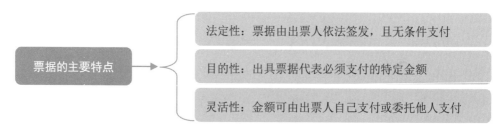

图 3-2　票据的主要特点

票据具有狭义与广义之分。狭义的票据仅充当支付金钱的凭证，而广义的票据涵盖股票、债券、提单、发票等各种凭证。在我国，票据主要是指银行汇票、商业汇票、银行本票和支票。图 3-3 所示为电子银行承兑汇票票样。

电子银行承兑汇票					
出票日期：			票据状态：		
汇票到期日：			票据号码：		
出款人	全　称	商贸有限公司	收款人	全　称	公司
	账　号			账　号	
	开户银行	分行		开户银行	分行
票据金额	人民币（大写）	伍万元整		十 亿 千 百 十 万 千 百 十 元 角 分	¥ 5 0 0 0 0 0 0
承兑人信息	全　称	分行	开户行行号		
	账　号	0	开户行名称	分行	
交易合同号			承兑信息	出票人承诺：本汇票请予以承兑，到期无条件付款	
能否转让	可再转让			承兑人承兑：本汇票已经承兑，到期无条件付款　承兑日期：	
评级信息（由出票人、承兑人自己记载，仅供参考）	出票人	评级主体： 评级到期日：	信用等级：		
	承兑人	评级主体：- 评级到期日：-	信用等级：-		

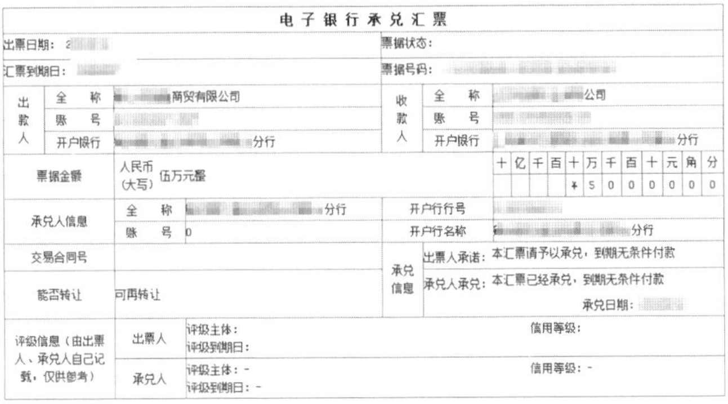

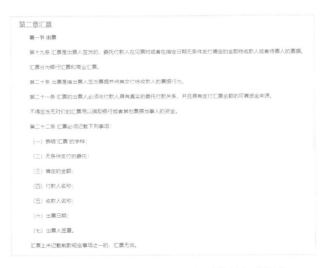

图 3-3　电子银行承兑汇票票样

在实际运用中，票据具有信用、支付、汇兑和结算等经济职能，但其本质是支付金额，且票据权利的产生、转移和行使等均以票据的存在为前提。一张票据从产生到发挥作用期间会发生 4 种票据行为，具体内容如下。

1. 出票

出票，即发出票据，是出票人出具票据给持票人的票据行为，有以下几点要求。

(1) 票据必须严格按照《中华人民共和国票据法》的规定制作，部分规定如图 3-4 所示。

第二章汇票

第一节 出票

第十九条 汇票是出票人签发的，委托付款人在见票时或者在指定日期无条件支付确定的金额给收款人或者持票人的票据。

汇票分为银行汇票和商业汇票。

第二十条 出票是指出票人签发票据并将其交付给收款人的票据行为。

第二十一条 汇票的出票人必须与付款人具有真实的委托付款关系，并且具有支付汇票金额的可靠资金来源。

不得签发无对价的汇票用以骗取银行或者其他票据当事人的资金。

第二十二条 汇票必须记载下列事项：

（一）表明"汇票"的字样；

（二）无条件支付的委托；

（三）确定的金额；

（四）付款人名称；

（五）收款人名称；

（六）出票日期；

（七）出票人签章。

汇票上未记载前款规定事项之一的，汇票无效。

图 3-4　《中华人民共和国票据法》的部分规定

(2) 票据必须详细记载法定事项与金额，且由出票人签字并盖章。

(3) 票据的发出，意味着票据所有权归属持票人或收款人。

2. 背书

背书，是指票据的持票人或收款人为将全部或部分票据权利转让给他人行使，在票据背面或粘单上记载有关事项并签章的票据行为。若是汇票背书，背书应连续，如图 3-5 所示。

图 3-5　连续背书的图解

3. 承兑

承兑，是指汇票付款人承诺支付汇票金额并签章的票据行为。它必须在汇票到期日之前进行承兑。图 3-6 所示为《中华人民共和国票据法》对于票据承兑的相关规定。

图 3-6　《中华人民共和国票据法》对于票据承兑的相关规定

4. 保证

保证，是指票据债务担保人为票据效力提供担保，而在票据上记载有关事项并签章的票据行为。图 3-7 所示为《中华人民共和国票据法》对于票据保证的相关规定。

在采购活动中，票据主要用于采购物品的支付，其样式如图 3-8 所示。

图 3-7　《中华人民共和国票据法》对于票据保证的相关规定

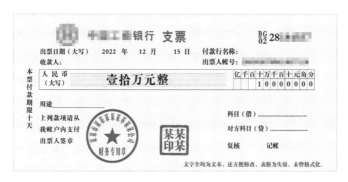

图 3-8　票据的样式

3.1.2　结算方式

结算方式，是指清偿经济往来中产生的货币收付的方法。其经济往来包含商品交易、供应服务、资金调动等。结算方式按照不同的划分方法，可以分为不同的类型，具体说明如下。

1.　按照支付形式划分

按照支付形式划分，结算方式可分为票据结算和支付结算两大类。其中，票据结算可通过银行本票、支票、银行汇票、商业汇票、委托收款和异地托收承付等方式支付，具体说明如图 3-9 所示。

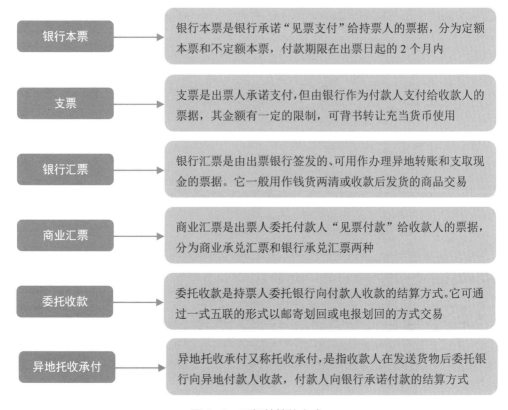

银行本票	银行本票是银行承诺"见票支付"给持票人的票据,分为定额本票和不定额本票,付款期限在出票日起的2个月内
支票	支票是出票人承诺支付,但由银行作为付款人支付给收款人的票据,其金额有一定的限制,可背书转让充当货币使用
银行汇票	银行汇票是由出票银行签发的、可用作办理异地转账和支取现金的票据。它一般用作钱货两清或收款后发货的商品交易
商业汇票	商业汇票是出票人委托付款人"见票付款"给收款人的票据,分为商业承兑汇票和银行承兑汇票两种
委托收款	委托收款是持票人委托银行向付款人收款的结算方式。它可通过一式五联的形式以邮寄划回或电报划回的方式交易
异地托收承付	异地托收承付又称托收承付,是指收款人在发送货物后委托银行向异地付款人收款,付款人向银行承诺付款的结算方式

图 3-9　票据结算的方式

支付结算,包含现金结算和银行转账结算两种方式。图 3-10 所示为采用手机银行转账的账单。

图 3-10　采用手机银行转账的账单

2. 按照结算地点

根据结算地点的不同，结算方式可分为同城结算、异地结算和通用结算 3 类，具体说明如下。

（1）同城结算。同城结算是指同一城市范围内通过支票和银行本票的方式进行结算。图 3-11 所示为银行本票模板。

图 3-11　银行本票模板

（2）异地结算。异地结算是指不同城市、不同地区之间通过银行汇票、异地托收承付和汇兑(企业委托银行支付)的方式进行结算。

（3）通用结算。通用结算是适用于上述两种情形的结算方式，具体通过商业汇票和委托收款的方式来结算。图 3-12 所示为电子商业承兑汇票模板。

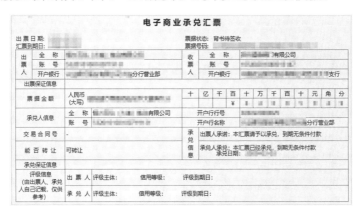

图 3-12　电子商业承兑汇票模板

专家提醒

在实际采购过程中，并非单个结算方式独自使用，有时可能会多种结算方式并用，这就要求采购人员仔细辨别，并与公司财务部门做好沟通。

3.1.3　账款核算

账款核算，是指采购方的应付账款核算，具体是指企业在采购环节中产生的、应付给供应商的款项。

应付款项属于企业负债，是由于企业采购物品的交货时间与付款时间不一致而产生的债务，因此企业应设置"应付款项"科目，并在账簿上进行登记。图 3-13 所示为应付账款的登记示例。

应收账款汇总表					
年　日　期					
供应商编码	供应商名称	期初应付款	本期增加应付款	本期承收应付款	期末结存应付款
0	估价入库	56200			56200
G001	××有限公司	60000	-2925	30000	27075
G002	××有限公司	-30000		-10000	-20000
G003	××有限公司	40000	11363		51363
G004	××有限公司		9594		9594
G005	××有限公司		169650		169650
G006	××有限公司		20723		20723

图 3-13　应付账款的登记示例

采购人员在具体核算与登记应付账款时，应注意以下 4 个方面的事项，如图 3-14 所示。

图 3-14　核算与登记应付账款的注意事项

3.1.4　填写账单

这里所说的账单，是指报账凭证。采购人员将费用支出明细填写在报销单中，然后移交给财务部门，作为登记账簿和报销费用的凭证。

填写报销凭证，需要准备好报销单和原始凭证(即发票)。其中，报销单必须由采购人员填写完整，填写时应注意以下事项。

（1）报销单上的各项信息均应填写完整，包含所属部门、具体日期、支出明细、具体金额等内容。

（2）报销金额精确至小数点后两位，大小写按规定填写准确，若有财务部门的借款情况，则应特别注明。

（3）原始的发票用胶水粘贴在报销单后面，要求整体美观且不可装订。

（4）原始的发票包含办公费、招待费、差旅费等，采购人员在填写时应注意按照类别填写，有序粘贴。

图 3-15 所示为差旅费报销单模板。

差旅费报销单																
部门			年　月　日				金额单位：元									
出差人					出差事由											
出发			到达			交通工具	城市间交通费			出差补贴				其他费用		
月	日	地点	月	日	地点		单据单数	金额	天数	人数	伙食补助标准	交通补助标准	金额	项目	单据张数	金额
														住宿费		
														培训费		
														会务费		
合计											合计					
报销总计（小写）	¥	万	千	百	十	元	角	分	报销总计（大写）	万　仟　佰　拾　元　角　分						备注
主管财务局长签字审批			财务负责人签字审批			部门负责人签字			报销人签字							

图 3-15　差旅费报销单模板

3.2　必知税法：与采购相关的税务知识

案例思考：

××食品企业为增值税一般纳税人，适用增值税税率 17%，需要外购水果 150 吨制作水果罐头。现有 A、B 两个水果供应商，其中 A 为一般纳税人，能够开具增值税专用发票，适用税率 16%，B 为小规模纳税人，能够委托税务局代开增值税征收率为 3% 的专用发票，A、B 两个供应商提供的水果质量相同，但含税价格不同。此时，采购人员应选择哪个供应商呢？

采购是关乎商品购买的行为，必然会涉及一些税务知识，而有关商品买卖的增值税知识也是采购人员必须掌握的，其中包括增值税的涵盖范围、计算方法以及办理抵扣进项的范围等知识。本节将对这些税务知识进行详细介绍。

3.2.1 增值税征收范围

增值税是一种流转税，是对商品在生产、流通等过程中增加的附加价值而征收的价外税。也就是说，增值税只针对商品的附加价值征税，并由消费者承担。

《中华人民共和国增值税暂行条例》规定："在中华人民共和国境内销售货物或者提供加工、修理修配劳务以及进口货物的单位和个人，为增值税的纳税人，应当依照本条例缴纳增值税。"

具体而言，增值税的纳税人有一般纳税人和小规模纳税人两种。其中，一般纳税人包括生产货物或提供应税劳务年应税销售额超过 50 万元的纳税人，以及从事货物批发或零售经营年应税销售额超过 80 万元的纳税人。

小规模纳税人包括从事货物生产或者提供应税劳务年应税销售额在 50 万元以下(含本数)的纳税人，以及其他年应税销售额在 80 万元以下(含本数)的纳税人。

增值税按照购买商品扣除税金方式的不同，可划分为 3 种类型，详细说明如图 3-16 所示。

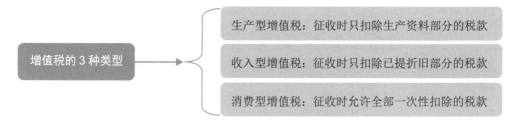

图 3-16　增值税的 3 种类型

增值税的增收范围包括一般范围、特殊项目和视同销售行为，具体内容如表 3-1 所示。

表 3-1　增值税征收范围的具体内容

征收范围	具体内容
一般范围	(1)销售货物，是指在中华人民共和国境内有偿转让货物的所有权； (2)进口货物； (3)加工、修理修配劳务
特殊项目	(1)货物期货，包括商品期货和贵金属期货； (2)银行销售金银的业务； (3)典当业销售死当物品的业务； (4)寄售业销售委托人寄售物品的业务； (5)集邮商品的生产、调拨及邮政部门以外的其他单位和个人销售集邮商品的业务； (6)单独销售无线电信设备，不提供电信劳务服务的业务； (7)缝纫业务等

续表

征收范围	具体内容
视同销售行为	(1)代销货物：将货物交由他人代销或代他人销售货物； (2)移送货物：将货物从本省或本市移送至外省或外市； (3)将自产或委托加工的货物用于非应交税的项目； (4)将自产、委托加工或购买的货物用作企业投资、分配、职工福利或个人消费； (5)将自产、委托加工或购买的货物无偿赠送他人

3.2.2　增值税计算方法

增值税的计算方法，是指纳税人结合增值税的税率或征收率并按照计算公式计算应纳税额的方法。下面将对增值税的税率、征收率以及计算公式进行简要介绍。

1. 增值税的税率和征收率

一般纳税人所缴纳的增值税的税率有 13%、9%、6%、0%等多个档次。其中，小规模纳税人适用 3%的征收率，0%税率适用于出口货物，其他税率各有不同的适用情形，具体说明如图 3-17 所示。

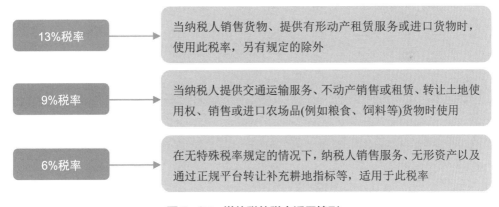

图 3-17　增值税的税率适用情形

专家提醒

我国现行的增值税税率主要以 13%、9%和 6%这三档税率和 3%、5%两档征收率为主。增值税作为主体税种，几乎覆盖经济活动的所有领域，因此我国也在不断地推进增值税改革。

2. 计算公式

一般纳税人与小规模纳税人缴纳增值税分别有不同的计算公式，具体说明如下。

（1）一般纳税人。增值税应纳税额的基本计算公式为

$$应纳税额=销项税额-进项税额$$

其中，销项税额是指纳税人提供应税服务按照销售额和增值税税率计算的增值税额。销项税额的计算公式为

$$销项税额=\frac{含税销售额}{1+税率}\times税率$$

增值税的计算方法举例说明如下。

2022 年 5 月，某公司采购一批产品，支付货款 10 000 元，其增值税进项税额为 1700 元，取得增值税专用发票，若销售该产品含税销售额为 23 400 元，增值税税率为 17%，则该公司需缴纳的增值税计算如下。

销项税额为：$\frac{23\,400}{1+17\%}\times17\%=3400(元)$

应纳税额为：$3400-1700=1700(元)$

（2）小规模纳税人。增值税的基本计算公式为

$$应纳税额=销售额\times征收率(征收率为 3\%)$$

其中，销售额的计算公式为

$$销售额=含税销售额\div(1+征收率)。$$

增值税的计算方法举例说明如下。

某商店为增值税小规模纳税人，2022 年第一季度提供劳务加工服务，开具的增值税普通发票上注明价款 5.15 万元，若增值税的征收率为 3%，则应缴纳的增值税税额计算如下。

销售额为：$\frac{5.15}{1+3\%}=5(万元)$

应纳税额为：$5\times3\%=0.15(万元)$

3.2.3 抵扣进项范围

进项税额是指纳税人购买商品或应税劳务所支付、承担的增值税税额。按照相关税法规定，经审核符合要求的进项税额可以享受一定的税收优惠，并准予扣除。

《中华人民共和国增值税暂行条例》规定的准予全部或部分扣除的进项税额范围的情形，如图 3-18 所示。

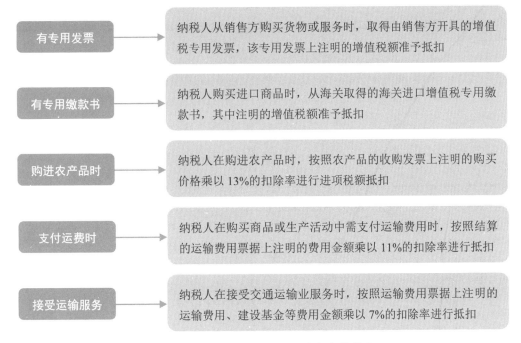

图 3-18 办理增值税进项税额抵扣的范围

除了上述可抵扣的进项税额范围外，还有纳税人在涉及境外应税服务时，按照专业机构开具的通用缴款书上注明的增值税额进行抵扣。

3.2.4 非抵扣进项范围

进项税额涉及的购买商品或应税劳务，包含购买(含进口)货物、置换货物、货物抵偿债务、以货物投资、接受捐赠物品等过程中支付的费用。

进项税额的抵扣也主要发生在这些过程中。有关进项税额的抵扣范围已经在前文中进行了说明，在此不再赘述。那么，有哪些费用是不能够进行抵扣的呢？具体来说，非抵扣进项税额的范围包含以下情形，如表 3-2 所示。

表 3-2 不能办理增值税进项税额抵扣的范围

纳税人	费用支出
小规模纳税人	不得抵扣进项税额
一般纳税人	(1)会计核算不健全，或者不能够提供准确税务资料的，例如购进货物没有按规定取得增值税抵扣凭证等； (2)购进固定资产(含购进固定资产所支付的运费)； (3)用于非应税项目的购进货物或应税劳务；

续表

纳税人	费用支出
一般纳税人	(4)用于免税项目的购进货物或应税劳务; (5)用于集体福利或者个人消费的购进货额或应税劳务; (6)购进货物,在产品、产成品所耗用的购进货物或应税劳务的非正常损失(非正常损失是指因管理不善而导致的损失); (7)进口货物不得抵扣任何进项税额; (8)因进货退出或折让而收回的增值税,应从发生进货退出或折让当期的进项税额中扣减

若按规定将不得抵扣的进项税额做了抵扣处理且又无法确定该项进项税额时,将应扣减的进项税额按照当期实际成本进行计算,计算公式为

应扣减的进项税额=实际成本×税率(征税时该货物或应税劳务的适用税率)

3.3 熟悉发票:采购常用的买卖凭证

案例思考:

××市××化工企业的采购业务员刘某采购了一批价值 5 万元的材料。供应商在为其开具发票时,要求刘某提供所在公司的纳税人识别号,但刘某出门太匆忙,没有带税号资料,打电话求助也无法立即得知,于是跟供应商老板沟通,这次能不能先不提供,但老板坚持说这是税务局的规定,否则不予开票,刘某则认为老板在故意刁难,于是俩人大吵了一架。对此,你怎么看?

采购发票,是指采购人员在采购过程中会遇到的购买凭证,也是采购方用作记账、纳税等的重要依据。具体而言,采购人员需要了解在采购过程中会经常遇到哪些类型的发票,知道辨别收到的发票的真伪,以及对待特殊发票的注意事项等知识。因此,采购人员掌握一些发票知识是十分必要的。本节将对这些发票知识进行详细介绍。

3.3.1 了解发票类型

一般而言,采购人员在进行采购时,会遇到采购专用发票和采购普通发票两种类型的发票。下面具体介绍这两种发票。

1. 采购专用发票

采购专用发票是指涉及增值税的专用发票,用作一般纳税人销售货物或者提供应税劳务的凭证。采购专用发票一般由采购供应商按国家税务标准开具给采购方,采购

方取得专用发票后，可将其用作抵扣进项税额的凭证。

采购专用发票，又分为增值税专用发票、增值税普通发票、增值税电子普通发票(见图 3-19)、货物运输业增值税专用发票等不同类型，发票上一般会记载采购货物的售价、税率、税额等信息。

图 3-19　增值税电子普通发票

2. 采购普通发票

采购普通发票，是指除采购专用发票以外的其他发票或购买凭证。例如，银行汇票、支票等。需要注意的是，采购普通发票的概念是相对于采购专用发票而言的。同理，增值税普通发票与增值税专用发票的概念也是相对的，两者同属于采购专用发票。图 3-20 所示为增值税专用发票。

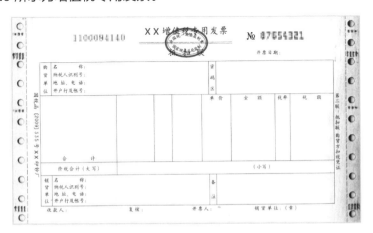

图 3-20　增值税专用发票

3. 采购专用发票与采购普通发票的区别

采购专用发票与采购普通发票虽同为采购凭证，但其在发票的使用主体、记载信息、发挥作用等方面存在差异，具体如图 3-21 所示。

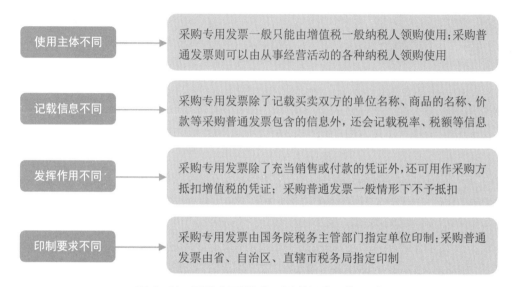

使用主体不同	采购专用发票一般只能由增值税一般纳税人领购使用;采购普通发票则可以由从事经营活动的各种纳税人领购使用
记载信息不同	采购专用发票除了记载买卖双方的单位名称、商品的名称、价款等采购普通发票包含的信息外，还会记载税率、税额等信息
发挥作用不同	采购专用发票除了充当销售或付款的凭证外,还可用作采购方抵扣增值税的凭证;采购普通发票一般情形下不予抵扣
印制要求不同	采购专用发票由国务院税务主管部门指定单位印制;采购普通发票由省、自治区、直辖市税务局指定印制

图 3-21　采购专用发票与采购普通发票的区别

3.3.2　鉴别发票真伪

采购发票充当凭证作用，而发票的真伪对于其凭证作用的发挥具有重要意义，因此采购人员有必要知道如何鉴别发票的真伪。具体而言，鉴别发票的真伪有以下 4 种方法。

1. 票面鉴定

票面鉴定是采购人员对发票的纸张和其中的数字进行全面检查的方式。票面鉴定的具体说明如图 3-22 所示。

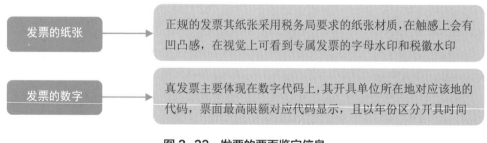

发票的纸张	正规的发票其纸张采用税务局要求的纸张材质,在触感上会有凹凸感,在视觉上可看到专属发票的字母水印和税徽水印
发票的数字	真发票主要体现在数字代码上,其开具单位所在地对应该地的代码,票面最高限额对应代码显示,且以年份区分开具时间

图 3-22　发票的票面鉴定信息

2. 官网查询

国家税务局的官网有专门提供发票真伪查询的服务，采购人员在不确定发票真伪的情况下，可进入对应的省、市税务局的官网进行查询。图 3-23 所示为国家税务总局全国增值税发票查验平台。

图 3-23　国家税务总局全国增值税发票查验平台

通过官网查询发票的真伪存在一定的弊端，若采购人员需要查询手写类发票，官网就无法显示出完整信息，只显示开具单位。若采购人员查询到的发票为虚假发票，就无法为其提供法定凭证，因此具有一定的局限性。

3. 电话查询

电话查询是一种比较传统的查询方式，采购人员通过拨打相应地区的税务服务热线，选择对应的发票真伪查询服务，从而鉴别发票真伪。

4. 专业鉴定

专业鉴定适用于采购人员和所在单位在认定发票是虚假的情形下，想要进一步取得法定凭证而向专业的税务机关申请进行发票鉴定。

专家提醒

《发票管理办法实施细则》规定："用票单位和个人有权向税务机关申请鉴别发票的真伪，且税务机关应当受理并出具鉴定结果。"一般由用票单位的审计部门按照一定的程序向税务部门进行申请。

申请专业鉴定发票的步骤如图 3-24 所示。

图 3-24　申请专业鉴定发票的步骤

3.3.3　注意特殊发票

特殊发票，是指在采购过程中涉及增值税时所使用的发票，具体是指增值税专用发票，需要采购人员特殊对待。具体来说，接触到这类发票时，需要采购人员注意其开具单位、开具时间、抵扣要求等方面的事项。下面就这些事项进行详细说明。

1. 开具单位

增值税发票的开具单位是一般纳税人，但小规模纳税人(除其他个人以外)也可以使用增值税发票管理系统自行开具发票。若小规模纳税人不采取自行开具发票的方式，可以申请税务局代开，但要具备以下条件，如图 3-25 所示。

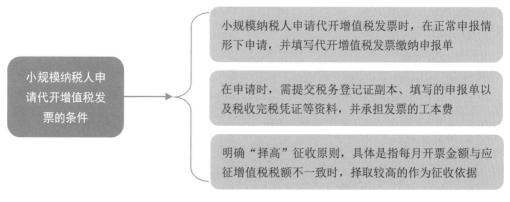

图 3-25　小规模纳税人申请代开增值税发票的条件

小规模纳税人在申请代开增值税发票时，一定要严格遵照上述条件，确保申请成功。图 3-26 所示为代开增值税发票缴纳税款申报单的样式。

代开增值税发票缴纳税款申报单

代开人声明：本次缴纳税款申报单提供的开票信息真实、完整、准确，符合有关法律、法规。

现申请代开增值税专用发票□　　　　　　　　　　　　　　增值税普通发票□

代丌人（签章）：××（本人签字）

××××年××月××日（开票当日）

购买方信息	名称		纳税人识别号	
	地址		开户银行	
	电话		银行账号	
销售方信息	名称		纳税人识别号	
	地址		开户银行	
	电话		银行账号	

货物或应税劳务、服务名称	规格型号(服务类型)	计量单位	数量	单价	不含税销售额	征收率	税额
鉴证咨询服务费			1	5000			

价税合计（大写）	伍仟元整	价税合计（小写）	5000
减免税（费额）			
应补税额			
备注			

是否为异地代开	是□　　　　　　　　否□
受理税务机关	税务机关税款征收单位 税收完税凭证号：　　（签字）　　年　　月　　日 税务机关代开发票单位发票代码： 发票号码：（签字）　　年　　月　　日
经办人	经核对，所开发票与申报单内容一致。 经办人（签字）：（本人签字）××××年××月××日（开票当日）

图 3-26　代开增值税发票缴纳税款申报单的样式

专家提醒

　　2022 年最新发布的有关增值税管理的公告中明确，小规模纳税人适用 3%征收率应税销售收入免征增值税的，应按规定开具免税普通发票。

2. 开具时间

　　纳税人在开展不同的业务时，按照不同的业务开具增值税发票，不得提前或滞后，相关开具时间具体如表 3-3 所示。

表 3-3　增值税发票的开具时间

不同业务	开具时间
购买商品或应税劳务时以结算方式为准	(1)结算方式为预收货款、托收承付和委托银行收款的，其开具时间为货物发出的当天； (2)结算方式为交款提货的，其开具时间为收到货款的当天； (3)结算方式为赊销及分期付款的，其开具时间为合同约定的收款日期的当天

不同业务	开具时间
代销、投资和分配商品时以移送时间为准	(1)代销商品时，其开具时间为收到委托人送交的代销清单的当天； (2)将商品用作投资时，其开具时间为移送货物的当天； (3)将商品分配给股东时，其开具时间为移送货物的当天

3. 抵扣要求

增值税发票作为一般纳税人抵扣进项税额的凭证，具有法定效力，因此开具增值税发票有以下几个要求。

(1) 一般纳税人开具增值税专用发票需通过防伪税控系统进行认证，未经认证的增值税专用发票不得抵扣进项税额。通过某增值税防伪税控系统认证的发票，如图 3-27 所示。

图 3-27　通过某增值税防伪税控系统认证的发票

(2) 增值税专用发票申报抵扣时间在认证通过的当月内，超过这个时间不予抵扣。

4. 不得开具的情形

开具增值税专用发票具有一定的条件，若出现以下几种情形，不得开具增值税专用发票，具体如表 3-4 所示。

表 3-4 不得开具增值税专用发票的情形

不同情形	具体内容
一般情形	(1)一般纳税人出现会计核算错误或提交的税务资料不完整； (2)未取得一般纳税人资格或未办理纳税登记的； (3)免征增值税项目，例如农业生产者销售自产农产品； (4)符合增值税零税率应税服务的项目，例如出口商品到境外等； (5)非应税项目，例如存款利息、融资性售后服务等； (6)向消费者个人销售货物、服务、无形资产或不动产； (7)其他个人销售货物、服务和无形资产等
预付款情形	(1)代理业务中，向委托方收取的行政事业性收费或基金； (2)融资性业务中，向承租方收取的有形动产价款本金； (3)旅行服务中，收取并支付的住宿费、餐饮费和交通费等费用； (4)劳务派遣和安全保护服务中，收取的支付给员工的工资、社会福利等费用； (5)电信通信公司提供公益性捐赠服务时，取得的公益捐款； (6)签证代理服务中，支付的签证费、认证费等费用 (7)代理进口免税货物时，向委托方收取的代付货款； (8)境外单位在境内开展考试，代为收取的考试费； (9)金融商品转让所取得的收入； (10)提供境内机票代理服务中，所取得的全部收入
销售特殊商品情形	(1)一般纳税人和小规模纳税人销售自己使用过的固定资产； (2)纳税人销售已使用过的旧货； (3)属于一般纳税人的单采血浆站，销售非临床用人体血液； (4)金融机构销售实物黄金
营改增政策衔接业务	(1)纳税人有营业税申报行为，但未取得发票，于 2016 年 5 月 1 日后进行补发的； (2)属于一般纳税人的企业，销售自行开发的房地产项目，于 2016 年 4 月 30 日前收取并申报了预收款项，但未取得发票的； (3)超市、市场、商店等商业企业向供应商收取的各种收入，例如租用某购物广场收取的租金

在采购环节中，涉及的增值税知识相对于其他知识而言较为复杂，且因市场的不断变动，相关的增值税政策内容会随需求的变化而不断地更新。因此，采购人员需多注意增值税发票的开具与使用细节，并不断地更新自己的增值税发票知识体系。

专家提醒

免征增值税的项目与零税率的项目是有区别的，两者都属于税收优惠。前者是对纳税人相关业务的纳税义务的免除，纳税人无须进行纳税行为；后者是指纳税税率为零，纳税人实际不缴纳税款，但仍存在纳税义务。

《中华人民共和国增值税暂行条例》第十五条规定下列项目免征增值税，如图 3-28 所示。

> 第十五条 下列项目免征增值税：
>
> （一）农业生产者销售的自产农产品；
>
> （二）避孕药品和用具；
>
> （三）古旧图书；
>
> （四）直接用于科学研究、科学试验和教学的进口仪器、设备；
>
> （五）外国政府、国际组织无偿援助的进口物资和设备；
>
> （六）由残疾人的组织直接进口供残疾人专用的物品；
>
> （七）销售的自己使用过的物品。
>
> 除前款规定外，增值税的免税、减税项目由国务院规定。任何地区、部门均不得规定免税、减税项目。

图 3-28 免征增值税的项目

第 4 章

制订计划：
采购成功的前提

采购计划类似于设计图，是指导采购行为的指南。为了更好地完成采购任务，采购人员需要做好前期准备工作，制订出采购战略计划以及编制采购预算。本章将具体介绍这些内容。

4.1 计划之前：拟订计划前的准备工作

案例思考：

××食品企业的采购员彭某在一次采购中，因供应商给出的小麦粉价格过于实惠，一时冲动买了 200 吨，买完后才发现公司仓库还有 100 吨小麦粉备用，导致库存堆积。试想，如果彭某在采购前制订了采购计划，并按照计划实施采购，结果会不会有所不同？

采购不同于一般的购买行为，它必须按照既定的程序进行，而制订采购计划就是首要的步骤。制订采购计划不能单纯地凭主观意识，需要对计划有全面的认识、对采购需求进行全面的分析，以及掌握采购计划制订的影响因素等。本节将对这些内容进行详细介绍。

4.1.1 正确认识采购计划

采购计划是采购人员为顺利实现采购，而对采购的全过程进行的安排与部署。它对日后的采购行为具有指导作用，需要采购人员加以重视。

1. 采购计划的含义

采购计划是采购人员关于采购活动的设想的书面化文件，以计划表格的形式出现，包含采购物品、采购数量、采购价格、物品的紧急程度等内容。图 4-1 所示为物资采购计划表模板。

物资采购计划表					
编号：			工程名称		自购□
序号	物资名称	规格型号	单位	数量	交付时间
项目技术负责人 (施工员)签字				年　　　　月　　　　日	
项目经理 签字				年　　　　月　　　　日	

图 4-1　物资采购计划表模板

采购计划的制订具有帮助企业规避风险、指导采购行为，以及实现采购效益最大化 3 个方面的作用。

2. 采购计划的分类

采购计划从不同的角度划分，可分为不同的类型，详细说明如下。

（1）从采购物品的属性角度划分，采购计划可分为金属物品采购计划、非金属物品采购计划、燃料采购计划等。图 4-2 所示为物资采购计划表模板，属于金属物品采购计划。

物资采购计划表

工程名称：

序号	名称	规格型号	计量单位	数量	到货日期	有无特殊要求，预定供应商、采购责任人等
1	钢管	48×3.25	吨	300	根据现场进度调拨	根据库存设备发放
2	配电箱	XLT-200A	只	5	根据现场进度调拨	根据库存设备发放
3	配电箱	XLT-100A	只	50	根据现场进度调拨	根据库存设备发放
4	配电箱	AXLJ0A/20	只	10	根据现场进度调拨	根据库存设备发放
5	扣件			90000	根据现场进度调拨	根据库存设备发放
6	塔吊	QT40	台	1	根据现场进度调拨	根据库存设备发放
7	对焊机	NL-100	台	1	根据现场进度调拨	根据库存设备发放
8	钢筋切断机	WB40	台	1	根据现场进度调拨	根据库存设备发放
9	弯曲机		台	1	根据现场进度调拨	根据库存设备发放
10	木工机械		台	1	根据现场进度调拨	根据库存设备发放
11	电焊机	BX-400F	台	2	根据现场进度调拨	根据库存设备发放
12	潜水泵		台	3	根据现场进度调拨	根据库存设备发放
13	氧气、乙炔设备		套	1	根据现场进度调拨	根据库存设备发放
14	卷扬机	2T	台	1	根据现场进度调拨	根据库存设备发放
15	密目网	6×1.8	张	500	根据现场进度调拨	根据库存设备发放
16	施工货梯	SS100	台	1	根据现场进度调拨	根据库存设备发放

按库存数量核实发放

图 4-2　物资采购计划表模板

（2）从采购物品的用途角度划分，采购计划可分为生产产品采购计划、维修用品采购计划、办公用品采购计划、科研用品采购计划、物资管理采购计划等。图 4-3 所示为办公、劳保用品采购计划申请表模板。

办公、劳保用品采购计划申请表

项目名称				年　月　日		
序号	物品名称	数量	单价（市场估价）	用途	申请部门	申请人
预估所需金额合计				大写：		
领导意见：						
经办人：		办公室：			财务负责人：	

图 4-3　办公、劳保用品采购计划申请表模板

(3) 从计划时间的角度划分，采购计划可分为年度采购计划、季度采购计划和月度采购计划等。图 4-4 所示为年度采购计划表模板。

物品年度采购计划表											
材料名称	规格	材料编号	各月份需求量				合计	安全库存	进料计划		交货天数
			1	2	3	……			月份	数量	
生产总监			生产部经理				复核			制表	

图 4-4　年度采购计划表模板

3. 制订计划的流程

采购计划经采购人员制订后需要经过相关部门和领导的审批，具有一定的流程，具体说明如图 4-5 所示。

图 4-5　制订采购计划的流程

在计划的审批过程中，如果出现临时采购需求，就需要填写临时采购申请表(见图 4-6)，并交予相关部门审核，经领导同意后才能将其纳入采购行列。

临时采购申请表							
部门名称			申请时间			申请人姓名	
申请缘由							
申购物品	序号	名称	型号/规格		数量	单位	
部门经理/主管签字			采买人签字：＿＿＿，会在＿＿＿日内采买完毕				

图 4-6　临时采购申请表

4.1.2　分析采购的需求

采购目的即满足需求。采购计划是以满足需求为出发点而制订的，因此采购需求是其得以存在的基础，也是制订采购计划的重要来源。若采购人员想要制订出完善的采购计划，就需要分析采购的需求，具体可根据"从自身出发"和"从环境出发"两个角度进行分析。

1. 从自身出发

采购的需求产生于企业内部，因此可从企业内部着手，重点分析以下 3 个方面的内容，如图 4-7 所示。

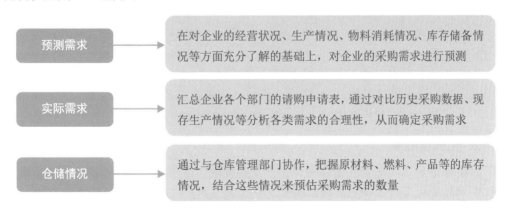

预测需求　在对企业的经营状况、生产情况、物料消耗情况、库存储备情况等方面充分了解的基础上，对企业的采购需求进行预测

实际需求　汇总企业各个部门的请购申请表，通过对比历史采购数据、现存生产情况等分析各类需求的合理性，从而确定采购需求

仓储情况　通过与仓库管理部门协作，把握原材料、燃料、产品等的库存情况，结合这些情况来预估采购需求的数量

图 4-7　从企业内部分析采购需求的 3 个方面

在对采购需求进行预测时，可以采用以下 3 种分析方法，如图 4-8 所示。

图 4-8　预测或预估采购需求的方法

在分析仓储情况时，还可以通过 ABC 分类法(Activity Based Classification)中注明的产品库存情况来分析。图 4-9 所示为 ABC 分类法库存表模板。

原材料项目	数量百分比/%	金额百分比/%	类别确定
A	0.385	0.270	C
B	15.414	54.091	A
C	0.462	3.245	C
D	1.541	2.705	C
E	1.156	0.162	C
F	69.364	4.868	C
G	7.707	24.341	B
H	3.853	9.466	B
I	0.046	0.487	C
J	0.072	0.365	C
合　　计	100.000	100.000	—

图 4-9　ABC 分类法库存表模板

专家提醒

　　ABC 分类法，又称 ABC 分类库存控制法，是一种库存管理方法，具体做法是将仓库里的产品按主次顺序分为 3 类，表现为 A 类、B 类和 C 类，分别记录产品的金额、使用率等，以便管理。

　　在采购中使用这类方法管理库存时，一般会按照 5 个步骤进行：一是收集产品的库存信息，例如数量、品种等；二是统计出各项数据；三是制作 ABC 分析表，包含信息如产品名称、产品数量、在总产品中的占比数、累计百分数等；四是确定好 A 类、B 类和 C 类 3 种分类；五是将分类好的信息制作成图片，绘制成最终的 ABC 分析图。

2. 从环境出发

采购是产品供应链中的重要一环，涉及销售商、供应商、终端客户等环节，而这些环节共同构成采购的外部环境。因此，采购需求的分析可从这些外部环境着手。

从采购的外部环境出发来分析采购需求，首先了解采购市场，然后分析客户心理，接着考察供应商，最后确定采购需求，具体如图 4-10 所示。

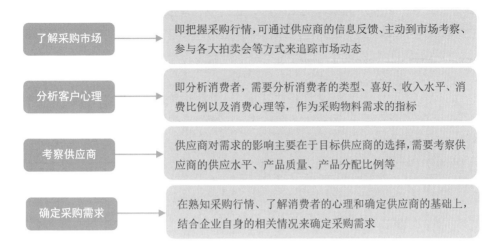

图4-10　从外部环境分析采购需求的步骤

4.1.3 影响计划的因素

采购计划是对采购行为的事先预测，由于受现实环境的制约，它在制订过程中可能会受到很多因素的影响。例如，企业的销售计划、企业的生产计划、采购整体环境的变化等。下面将对这些影响因素进行详细说明。

1. 企业的销售计划

企业的销售计划决定了企业的生产模式，进而影响采购活动，因此在制订采购计划时必须以年度或季度销售计划为参考依据。图 4-11 所示为企业的销售计划对采购计划的影响。

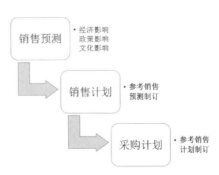

图4-11　企业的销售计划对采购计划的影响

2. 企业的生产计划

采购计划的制订是为了更好地满足企业的生产需求，因此生产计划会影响采购计划的制订。图 4-12 所示为某车间生产月计划日报表模板。

车间生产月计划日报表

序号	生产单号	订单日期	订单周期	订单数量	产量			生产周期			耗用工时	
					计划	实际	计划完成/%	备料周期	外协周期	装配周期	计划	实际
1												
2												
3												
4												
5												
6												
7												
8												
9												
10												

图 4-12　某车间生产月计划日报表模板

企业的生产计划由企业的销售计划所决定，表现为以下两种情形。

（1）当企业的销售计划过于乐观时，企业会加大生产，同时需要加大采购量，但生产数量过高，容易造成库存堆积。

（2）当企业的销售计划过于保守时，企业会降低生产，同时需要减少采购量，但生产数量过低，不足以满足消费者时，容易丧失企业的优势。

也就是说，一旦企业的销售计划制订出错，就会直接影响到企业生产计划的制订，进而影响到采购计划的制订。图 4-13 所示为企业的采购计划制订流程。

图 4-13　企业的采购计划制订流程

3. 物品清单

物品清单指的是采购物品的数量记录表。图 4-14 所示为物品清单模板。生产人员会在物品清单上对原材料的出库数量进行记录，为采购计划的制订提供依据，如物品清单上显示某一种物品的库存数量不多，且有采购的需求，则需要将这类物品纳入采购计划。

物品清单模板

项目名称：				领料日期：				
序号	材料名称	规格/型号	用途	单位	库存数量	出库数量	备注	
							领料人：	

图 4-14　物品清单模板

4. 存量管制卡

存量管制卡是对产品库存变化的记录，能够及时监管物品的进出以及呆废料(有质量问题的产品)的处理，主要为制订采购计划时确定采购物品的数量提供依据。图 4-15 所示为物品存量管制卡模板。

物品存量管制卡

材料名称		规格		计划采购量			最低存量		
材料编号		型号					安全存量		
材料等级			存放位置				最高存量		
日期	收/发/领/退凭单编号	收料记录			生产批令号码	领料单位	发料记录			核对
		数量	单价	金额			数量	单价	金额	
物控主管			仓管员					制表		

图 4-15　物品存量管制卡模板

5. 物品标准成本

采购人员在制订采购计划时，若对某一种物品的采购价格不确定，就会依据物品标准成本来制订采购价格，而物品标准成本的形成具有严格的要求，具体说明如图 4-16 所示。

图 4-16　物品标准成本形成的要求

6. 生产效率

生产效率的高低影响物品的需求，即影响采购的数量。生产效率是影响采购计划制订的一个因素，主要体现在以下 3 种情形，如图 4-17 所示。

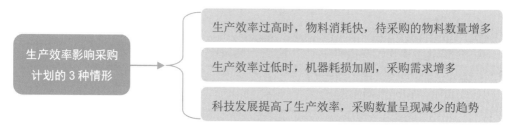

图 4-17　生产效率影响采购计划的 3 种情形

7. 采购的环境

采购的环境会对采购计划的制订产生一定的影响，主要表现在以下 4 个方面，如图 4-18 所示。

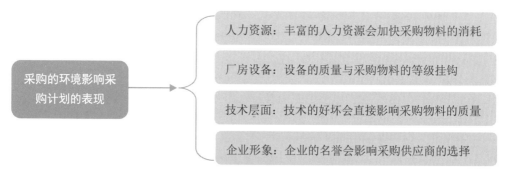

图 4-18　采购的环境影响采购计划的表现

在实际制订采购计划的过程中，除了上述影响因素外，可能还会存在其他影响因素，例如供应商的影响等。因此，采购计划必须及时调整与修改，以做好采购准备。

4.2 拟订计划：采取一定战略进行

案例思考：

××水泥生产企业的采购项目包括生产物资石灰石、铁粉、煤灰等，还有破碎设备、粉磨设备、选粉设备、收尘设备等固定设备。在实施采购之前，该企业的采购业务员将所需物品列了一个采购清单，打算经领导同意后再推进采购工作。其中所说的采购清单属于采购计划吗？

在正式拟订采购计划时，可采取一定的方法或战略。本节以采购计划中包含的物品计划、资源战略、供收计划和应急计划为重点来介绍拟订采购计划的战略。

4.2.1 物品计划

物品计划即物资需求计划(Material Requirement Planning，MRP)，是通过综合市场或消费者的需求和已购进的产品库存信息而制订的采购产品计划。图 4-19 为 MRP 的逻辑概述。

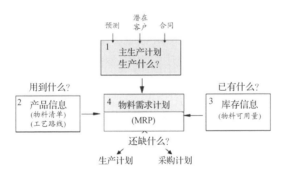

图 4-19 MRP 的逻辑概述

由图 4-19 可知，制订 MRP 的依据包含主生产计划、产品信息和库存信息等，具体说明如图 4-20 所示。

图 4-20 制订 MRP 的依据

除了上述依据外，制订 MRP 还可以根据生产完工时间和工艺路线(记录加工零件具体步骤的技术文件)等进行计划编排。MRP 的具体计算步骤如图 4-21 所示。

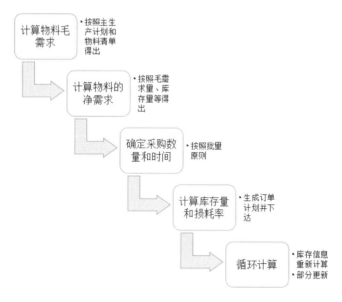

图 4-21　MRP 的具体计算步骤

MRP 主要以计算机算法为依据，进行需求量和需求时间计算，从而确定采购数量和时间，同时在计算生产过程中要注意考虑各种损耗系数，例如零件废品系数、组装废品系数等。图 4-22 所示为 MRP 的计算机处理流程。

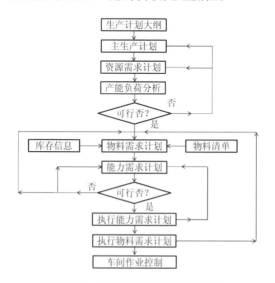

图 4-22　MRP 的计算机处理流程

4.2.2　资源战略

资源战略，是指采购方为了更好地发挥采购的作用，而对采购过程的资源进行管理的方案，主要表现为对供应商资源的管理。企业可从以下几个方面来制定资源战略，如图 4-23 所示。

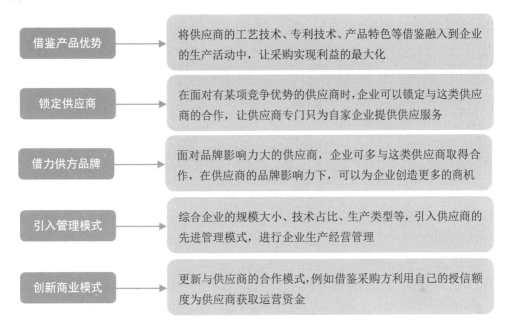

图 4-23　企业制定资源战略的几个方面

另外，企业也可通过制定完善的制度来管理供应商资源，例如制定灵活的供应商管理机制、统一的产品结构等，详细说明如图 4-24 所示。

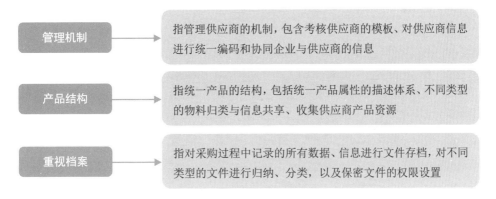

图 4-24　企业建立管理供应商资源的制度

4.2.3 供收计划

供收计划是采购计划与供应商计划的统一，具体是指企业的采购计划中包含的与供应商打交道的战术制定，目标在于实现与供应商的协同。企业可从以下 5 个方面来拟订供收计划，实现与供应商的协同，具体如图 4-25 所示。

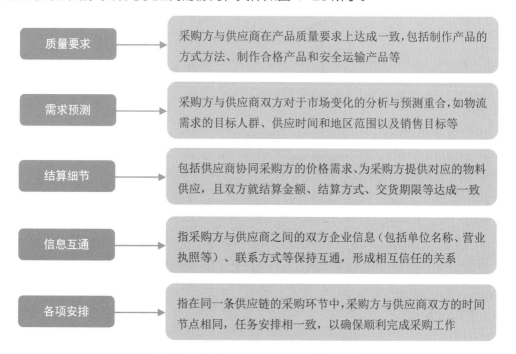

图 4-25 企业制订供收计划的 5 个方面

图 4-26 所示为采购方与供应商的协同关系。

图 4-26 采购方与供应商的协同关系

4.2.4 应急计划

应急计划是对采购过程中出现的风险进行评估，以便做好预防的准备。它能够帮助采购人员顺利地完成采购任务，尽可能地降低企业的损失。图 4-27 所示为某企业采购物品的应急预案。

文件编号：

版本号：

实施日期：

一、目的

为了有效确保钢材、螺栓等主要原辅材料等采购物资的供应，预防因采购物资的短缺或不当等因素引起的意外损失，保证采购物资供应的及时有序、保质保量，结合我公司工作实际制定本预案。

二、范围

本预案适用于公司角钢、钢板、钢管、法兰螺栓及锌锭等主要原料及辅助材料等采购物资的供应，在紧急情况下的预防及应急处理。

三、组织机构及职能

公司成立采购物质供应应急工作小组：

组长：总经理

副组长：分管副总

成员：各部门主任及采购部全体员工

职责：①认真贯彻公司关于采购物资供应的决策和部署，统一组织、实施角钢、钢板、钢管、法兰螺栓及锌锭等主要原料和辅助材料的采购和供应工作。②根据各类原辅材料的采购供应情况，决定是否实施采购应急处理预案。③负责在紧急状态下，对角钢、钢板、锌锭、螺栓等主要原辅材料等采购物质的供应情况及采购应急处理预案的实施情况向公司高层汇报。

物资采购小组：

职责：①负责对角钢、钢板、锌锭及螺栓等主要原辅材料供应商等相关客户的评估和日常监管工作。②负责建立公司角钢、钢板、锌锭及螺栓等主要原辅材料供应商的合格供应商名录及后备供应商名录。③负责角钢、钢板、锌锭及螺栓原辅材料物资的采购计划的制订和执行。负责与各类材料生产厂家及相关经营者等相关采购合同的签订和执行。④负责对角钢、钢板、锌锭、螺栓等主要原辅材料的采购和供应。

图 4-27 某企业采购物品的应急预案

具体来说，采购过程中可能出现的风险有管理风险和业务风险两大类。其中，管理风险包括采购人员的责任意识和腐败两种；业务风险包括市场变化、方案偏离、合同出错、质量风险、价格变化等类型，具体如图 4-28 所示。

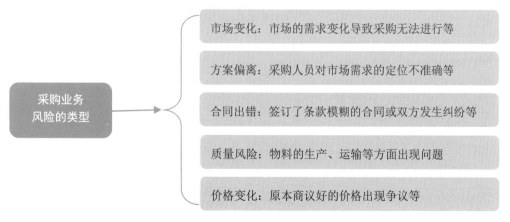

采购业务风险的类型

市场变化：市场的需求变化导致采购无法进行等

方案偏离：采购人员对市场需求的定位不准确等

合同出错：签订了条款模糊的合同或双方发生纠纷等

质量风险：物料的生产、运输等方面出现问题

价格变化：原本商议好的价格出现争议等

图 4-28 采购业务风险的类型

除了上述可能出现的风险外，在采购业务方面还可能存在采购发票、产品脱销或滞销等风险，因此采购人员在制订应急计划时必须做好全方位的预案，尽量减少企业的损失。对于采购业务方面的风险，企业可先对上述风险进行评分。图 4-29 所示为采购风险评分表模板。

采购风险评分表

标准	风险威胁度	预风险性	工作危害性	风险指数	对策可操作性	故障数模型	事件数模型	定量风险评价	作业条件风险评价	综合评价	总分
市场风险											
计划风险											
合同风险											
意外风险											
违约风险											
质量风险											
数量风险											
库存风险											
滞销风险											
脱销风险											
腐败风险											
责任风险											
其他风险											

图 4-29　采购风险评分表模板

然后根据 ABC 分类法对这些风险进行分类，图 4-30 所示为风险分类表。企业应该通过分析采购过程中可能存在的风险，制订应急计划，以降低采购风险的发生率。

风险分类表

风险等级	法律法规及企业规章制度	经济损失程度	企业生产情况	公司信誉度
A 级	不符合企业内部的操作规程及标准，严重违反法律法规	巨大	企业面临停产、倒闭的风险，生产及运营不能正常进行	企业在行业范围内名誉严重受损
B 级	不符合企业内部的操作规程及标准，可能涉及法律问题	较大	影响极大，企业面临重大经济损失，生产无法正常进行	企业在所在地范围内名誉严重受损
C 级	符合企业内部的操作规程及标准，不触犯法律	微小	影响甚微，企业基本上可以正常运转	仅影响企业内部

图 4-30　风险分类表

4.3 采购预算：实施采购的参考

案例思考：

××建筑公司需要采购一批建材用品，为了降低采购成本，公司决定从制定预算开始，提前对采购成本进行核算，如采用公开竞标方式来选择供应商，并借此压低材料价格；再如与供应商协商，合并的物料由一家供应商运送，以降低运输成本。除此之外，你还能想到其他制定采购预算的方法吗？

采购预算是对采购所花费的金额进行计划。采购预算能够帮助企业合理地分配采购资源、控制采购成本、实现降本增效。那么，如何进行有效的采购预算呢？本节为大家具体介绍编制采购预算的包含要点、编制预算的原则与依据，以及编制预算的流程与方法。

4.3.1 编制采购预算的包含要点

编制采购预算的包含要点，具体为付款金额、时间范围、资金的分配、资金使用标准等，如图 4-31 所示。图 4-32 所示为设备采购预算表模板。

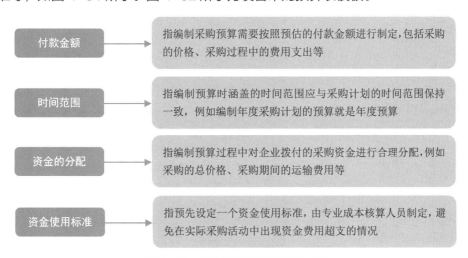

图 4-31 编制采购预算的包含要点

序号	设备名称	设备型号	数量	预算			实际开支			备注
				型号	单价	合计	型号	单价	合计	
1										
2										
3										
4										
5										
6										
7										
8										
9										
10										

设备采购预算表

图4-32　设备采购预算表模板

4.3.2　编制采购预算的原则与依据

编制采购预算是一种合理配置资源的行为，目的是确保采购活动的科学性，因此在编制的过程中需要具备一定的专业性。编制采购预算需要遵循以下几个原则，如图4-33所示。

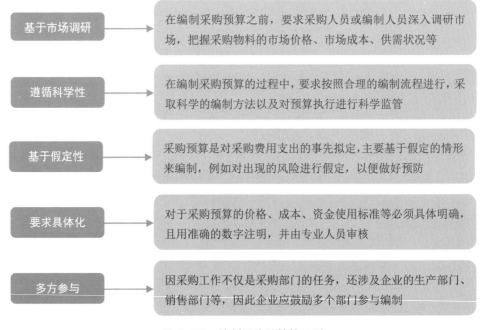

基于市场调研 —— 在编制采购预算之前，要求采购人员或编制人员深入调研市场，把握采购物料的市场价格、市场成本、供需状况等

遵循科学性 —— 在编制采购预算的过程中，要求按照合理的编制流程进行，采取科学的编制方法以及对预算执行进行科学监管

基于假定性 —— 采购预算是对采购费用支出的事先拟定，主要基于假定的情形来编制，例如对出现的风险进行假定，以便做好预防

要求具体化 —— 对于采购预算的价格、成本、资金使用标准等必须具体明确，且用准确的数字注明，并由专业人员审核

多方参与 —— 因采购工作不仅是采购部门的任务，还涉及企业的生产部门、销售部门等，因此企业应鼓励多个部门参与编制

图4-33　编制采购预算的原则

采购人员在编制采购预算时，除遵循以上原则外，还需要掌握物品清单和存量管理卡、库存水平和交货周期、生产进度和效率等情况作为依据，具体说明如图 4-34 所示。

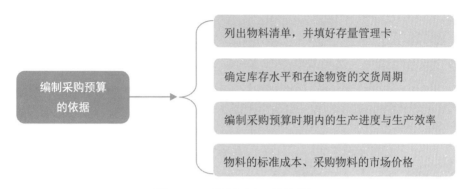

图 4-34　编制采购预算的依据

专家提醒

编制采购预算的难点在于需要面对很多不确定因素，例如市场的供需变化常常会影响采购物品的价格，因此采购人员必须事先预设多种可能性，以确保采购预算的科学性与合理性。

4.3.3　编制采购预算的流程与方法

为保证采购预算的可能性，采购人员可以采取一些编制方法，例如固定预算法、滚动预算法等。在学习这些编制方法之前，需要采购人员大致了解编制的流程。下面对编制采购预算的流程和方法进行详细介绍。

1. 编制流程

编制采购预算有规范的流程，从明确企业或部门的战略目标开始到提交采购预算结束，具体流程如图 4-35 所示。

需要注意的是，在完善采购预算时，具体包含确定预算偏差范围、计算出偏差值和调整不正当偏差 3 个方面，如图 4-36 所示。

图 4-35 编制采购预算的具体流程

图 4-36 完善采购预算的 3 个方面

专家提醒

　　采购人员在编制采购预算时，可以采用比例趋势法、线性规划以及回归分析等方式分析采购的历史数据。图 4-37 所示为比例趋势法分析图。

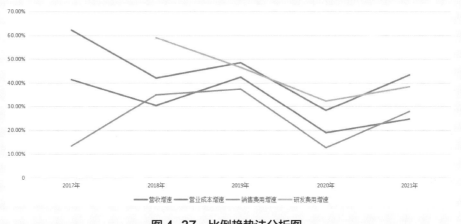

图 4-37　比例趋势法分析图

2. 编制方法

　　编制采购预算有一定的编制方法，例如固定预算法、滚动预算法、弹性预算法、零基预算法等。具体说明如下。

　　(1) 固定预算法。固定预算法是一种以一定时期内企业的经营状况为预定指标来制定预算的方法。这类方法的优势在于对采购人员的预测能力、分析能力的要求相对较低，且操作简单，适用于市场成熟的采购活动，但缺乏灵活性。

　　(2) 滚动预算法。滚动预算法是一种连续性的预算方法，是指对编制的预算进行实时更新的预算方法。例如，年度采购预算，在一年内有新的变动会进行调整或修订。这类预算方法的优势在于市场适应性强、连贯性强，能够实时地满足需求；其不足之处是工作较为复杂且工作量大。图 4-38 所示为滚动预算法的运用示例。

　　(3) 弹性预算法。弹性预算法是一种适用于多种采购业务量的编制预算方法。它需要考虑采购业务中可能发生的各种变化，包括固定成本、变动成本与经营活动等要素的变化。这类预算方法的编制流程，如图 4-39 所示。

　　这类方法适用于应对不同变化的产品采购预算编制，尤其是处于初创期或成长期的企业，能够比较准确地制定出企业采购的各种费用支出预算，且对于事后的费用超支现象可以及时调整。图 4-40 所示为弹性预算法的运用示例。

　　(4) 零基预算法。零基预算法是比较特殊的方法，是指在编制预算时，将所有费用支出以零点作为起点，基于当下的需要来分析各项费用是否合理，进而确定预算数。

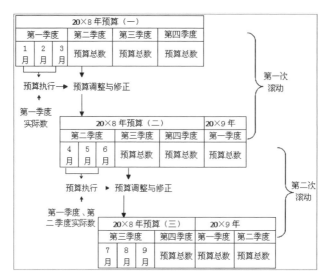

图4-38　滚动预算法的运用示例

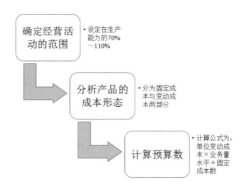

图4-39　弹性预算法的编制流程

机器/台时	…… ……	45000	47500	50000	52500	…… ……
生产能力利用率/%		90%	95%	100%	105%	
1.变动费用率	…… ……	13500	142500	150000	157500	…… ……
燃油	…… ……	90000	95000	100000	105000	…… ……
辅助工工资	…… ……	45000	47500	50000	52500	…… ……
2.混合费用项目		24750	25875	27000	28125	
辅助材料	…… ……	8750	9125	9500	9875	…… ……
水费	…… ……	10000	10500	11000	11500	…… ……
维修费	…… ……	6000	6250	6500	6750	…… ……
3.固定费用项目	…… ……	19000	19000	19000	19000	…… ……
管理人员工资	…… ……	12000	12000	12000	12000	…… ……
保险费	…… ……	3000	3000	3000	3000	…… ……
设备租金	…… ……	4000	4000	4000	4000	…… ……
制造费用预算额	…… ……	178750	187357	196000	204625	…… ……

图4-40　弹性预算法的运用示例

这类方法的原理是按照企业的经营目标，从采购成本标准起对采购产生的一切费用支出重新分析并编制预算。它有助于资金的充分利用，但工作量大、效率较低。图 4-41 所示为零基预算法的具体操作步骤。

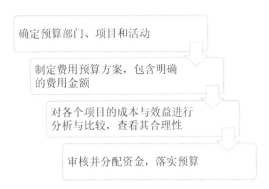

图 4-41　零基预算法的具体操作步骤

第 5 章

选择渠道：
确定采购供应商

在制订好采购计划之后，进入选择供应商的环节。供应商的好坏会直接影响采购活动的成败，因此采购人员要重视对供应商的选择。本章将具体介绍选择供应商的流程、方式以及对供应商的要求，希望对大家有所帮助。

5.1 选择流程：选择供应商的步骤

案例思考：

大学毕业后的程某，打算自主创业经营一家服装网店。在开店之前，她通过大量的市场调研和定位，确定好了经营目标，于是集中精力在选品上。寻找供应商时，她先是瞄准了广州的几家大型服装批发市场，然后详细地对比了它们的地理位置、服装定位、价格等信息，最终确定了 3 家店铺作为自己网店的供应商。程某在选择供应商时主要做了哪些工作？

采购是一种区别于普通购物的、科学化的购买行为，因此采购过程中的任何环节都需要按照一定的流程进行，选择供应商这一环节也不例外。本节将详细介绍采购方选择供应商的步骤，以帮助大家顺利地找到合适的采购渠道。

5.1.1 了解行业特点

采购人员在选择优质的供应商时，只有对供应商所属的行业有足够的了解，才能更清楚地知道供应商的优劣。那么，具体需要了解供应商的哪些行业特点呢？采购方可以从供应商的含义和分类入手。

1. 供应商的含义

通俗地讲，供应商就是卖方，卖给企业原材料、设备、能源或劳务等商品，对应的采购方即买方。在学术上，供应商是指向企业及其竞争对手供应各种所需资源的企业或个人。也就是说，任何企业或个人进行供应资源活动都可以成为供应商，没有明确的范围或主体限制。

《零售商供应商公平交易管理办法》规定："供应商是指直接向零售商提供商品及相应服务的企业及其分支机构、个体工商户，包括制造商、经销商和其他中介商。"图 5-1 所示为《零售商供应商公平交易管理办法》的部分内容。

由此可知，供应商的特征或辨别标志就是发生直接向零售商提供商品的行为。

2. 供应商的分类

供应商没有明确的主体限制，类型多样，从不同的角度可以划分出不同的供应商类型，具体有以下几种，如图 5-2 所示。

第五条　鼓励零售商与供应商在交易中采用商务主管部门和工商行政管理部门推荐的合同示范文本。

第六条　零售商不得滥用优势地位从事下列不公平交易行为：

（一）与供应商签订特定商品的供货合同，双方就商品的特定规格、型号、款式等达成一致后，又拒绝接收该商品。但具有可归责于供应商的事由，或经供应商同意、零售商负责承担由此产生的损失的除外；

（二）要求供应商承担事先未约定的商品损耗责任；

（三）事先未约定或者不符合事先约定的商品下架或撤柜的条件，零售商无正当理由将供应商所供货物下架或撤柜的；但是零售商根据法律法规或行政机关依法作出的行政决定将供应商所供货物下架、撤柜的除外；

（四）强迫供应商无条件销售返利，或者约定以一定销售额为销售返利前提，未完成约定销售额却向供应商收取返利的；

（五）强迫供应商购买指定的商品或接受指定的服务。

第七条　零售商不得从事下列妨碍公平竞争的行为：

（一）对供应商直接向消费者、其他经营者销售商品的价格予以限制；

（二）对供应商向其他零售商供货或提供销售服务予以限制。

第八条　零售商不得要求供应商派遣人员到零售商经营场所提供服务，下列情形除外：

图 5-1　《零售商供应商公平交易管理办法》的部分内容

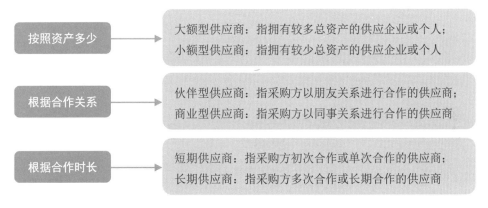

图 5-2　供应商的划分种类

5.1.2　收集供方信息

收集供方信息，是指通过多种途径收集供应商的相关信息。例如，收集供应所需产品的供应商有哪些、这类供应商的供应能力如何、产品的质量、产品的价格等。而收集这些信息可通过以下几个途径实现，如图 5-3 所示。

除了上述途径外，还有政府为促进社会经济的发展而发布的一些企业信息可以作为参考，以及采购方通过主动招标的形式来吸引供应商投标。图 5-4 所示为招标公告示例。

利用现有资料	利用采购方指南、贸易目录等企业资料，收集供应商的单位名称、地址、联系方式、财政情况等信息
阅读专业刊物	企业的专业性报刊或采购专业指导书或是电话的黄页、工商名录等会列举很多供应商信息
展览和展会	从研发展览会、由贸易组织举办的地区性或国际性企业交流会等可以收集到供应商的相关信息
自身关系圈	对于采购经验丰富的采购人员来说，可以通过之前成功合作过的供应商拓展交际圈，用自己的人脉获得供应商的信息

图 5-3 收集供方信息的途径

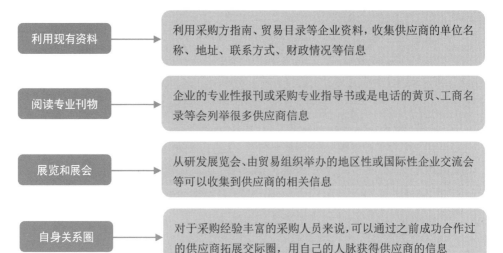

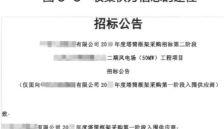

图 5-4 招标公告示例

5.1.3　考察供货能力

供货能力是指供应商供应产品的能力，例如产品的质量如何、产品的交货期是否及时等。采购方在选择供应商时会对供应商的供货能力进行考察，就选择短期供应商和长期供应商来说，具体会有不同的考察标准或采取不同的方式。下面就以采购方选择这两种不同的供应商为例进行详细说明。

1．选择短期供应商

采购方在决定选择短期供应商时，需要重点考察供应商的产品质量、产品报价、交付信用 3 个方面，详细说明如图 5-5 所示。

图 5-5　采购方选择短期供应商的考察方面

在考察供应商的报价时，可以将多家供应商的报价列入同一表格中进行分析。图 5-6 所示为采购品报价对比表模板。除了上述 3 个方面外，还需要考察供应商的服务水平，包括包装产品前的售前服务和交付产品之后的售后服务两个方面，可通过查看供应商以往的成交记录进行考察。

采购品报价对比表

项目名称：				编号：				采购类型：			
序号	内容	单位/吨	数量	供应商 1		供应商 2		供应商 3		供应商 4	
				报价	金额	报价	金额	报价	金额	报价	金额
品牌	品牌										
1											
2											
3											
4											
5											
	报价合计/元										
1	发票/税率										
2	营业执照										
3	付款方式										
4	公司规模										
5	其他										

图 5-6　采购品报价对比表模板

2. 选择长期供应商

采购方若是考虑选择长期合作的供应商，就需要关注采购方与供应商在合作的整个过程中的最优效益，具体可通过直观判断法、标准考核法、招标选择法和意向选择法进行筛选，如图 5-7 所示。

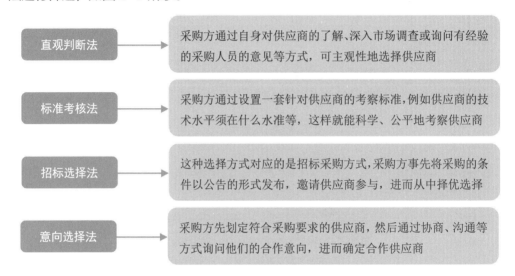

图 5-7 选择长期供应商的方法

采购方采用标准考核法选择供应商时，可以通过对各个供应商的表现进行评分来考核。图 5-8 所示为供应商的考核项目及评分示例。

供应商的考核项目及评分表

考核内容及权重			考核标准		总分
考核内容	权重/%	总分/分	评分说明	考核得分	
产品质量状况	60	60	1. 主要从进料检验合格率与现场生产不良退货率两方面考核 2. 进料检验合格率达到 100%，每低 1% 减 2 分 3. 现场生产不合格率低于 100%，每高 1% 减 2 分		
交付情况	15	15	准时交货率达到 98%，每低 1% 减 1 分		
价格水平	10	10	与同类产品市场采购价格平均水平相比，偏高 9 分、居中 7 分、偏低 5 分		
服务质量	10	10	满意度评价达到 95 分，每低 5 分，减 2 分		
管理能力	5	5	主要从管理人员的流动率、员工培训状况、企业发展前景等方面进行考核，具体考核标准根据公司的相关规定执行		

图 5-8 供应商的考核项目及评分表

5.1.4 确定供应商

选择供应商的最后一个环节，即确定供应商，这一环节是在前面所述环节的基础上确定的。

因供应商直接关系到采购活动的成功与否，不同的企业在确定供应商时会有不同的重视程度。一般来说，企业从选择供应商到确定供应商的过程，会经过以下几个科学化的程序，具体流程如图5-9所示。

成立小组
- 选择与采购工作相关的部门人员
- 成立供应商评选小组

分析市场
- 分析市场的产品需求类型
- 分析采购时期的供应商现状

确立目标
- 确定选择供应商的程序
- 建立评价供应商的标准

进行评选
- 按照标准和评选方法评价供应商
- 尽量让供应商参与进来，实时提出诉求

实施管理
- 确定好需合作的供应商并进行管理
- 及时反馈合作情况，为供应商评价标准提供依据

图5-9 选择、确定供应商的流程

5.2 选择方式：寻找供应商的途径

案例思考：

从事采购工作两年多的小刘，在被问到"觉得工作中遇到过最难的问题是什么"的时候，毫不犹豫地答到"寻找供应商"。他谈到自己曾经花费两个星期的时间来找供应商的经历。在真实的采购工作中，有哪些行之有效的寻找供应商的途径呢？

在正式选择供应商之前，采购人员可以利用电子网络平台、考察实体的商品批发市场或管理自身的关系网等方式寻找供应商。本节将详细介绍这些查找方式，以帮助大家找到合适的供应商。

5.2.1 网络搜索

网络搜索是寻找供应商最便捷的方式，主要借助百度平台，输入所需供应商的关键词便可得到相关信息。采购人员可适当地掌握一些搜索技巧，例如使用符号＋、

－、（）等连接关键词来搜索，这些符号可以帮助采购人员精准定位所输入的关键词信息，如图 5-10 所示。

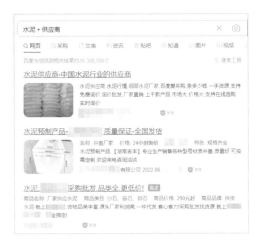

图 5-10　网络搜索选择供应商

专家提醒

　　网络搜索的优势在于便捷，在人人都拥有智能产品的时代，可以随时查询，且跨越时空的限制。其不足之处在于搜索结果的纷繁复杂，采购人员可能难以辨别供应商信息的真假，且浏览多个网页耗时久。

下面以"爱采购"平台为例，介绍通过网络搜索供应商的操作方法。

（1）在百度搜索关键词"爱采购"，在搜索结果中单击相应的网页链接，如图 5-11 所示。

图 5-11　单击相应的网页链接

（2）进入"爱采购"官网，采购人员可以通过"全部商品分类"导航来选择相应的商品类目，也可以通过"货源""厂家"等方式搜索对应的商品或生产厂家，以及通过"精品抢购"区查看优质商品，如图 5-12 所示。

图 5-12　"爱采购"官网

（3）将鼠标指针移至相应的导航标签上，例如"五金机电"，在弹出的"五金机电"子菜单中可以选择细分类目，如图 5-13 所示。

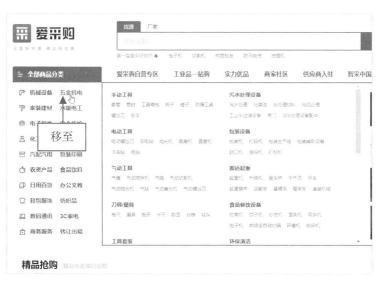

图 5-13　弹出"五金机电"子菜单

（4）选择"手动工具"选项区中的"套筒"选项，即可快速筛选平台上的"套筒"货源。采购人员还可以通过品牌、类别和长度等标签进一步筛选货源，如图 5-14 所示。

图 5-14 "套筒"货源列表

（5）采购人员也可以直接在"货源"搜索框中输入要采购的货物关键词，❶如"水泥"；❷单击"搜索"按钮，即可搜索到平台上所有的"水泥"货源，如图 5-15 所示。

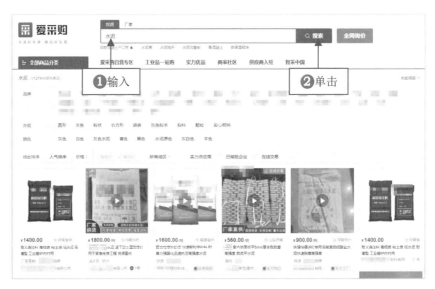

图 5-15 搜索"水泥"货源

（6）在搜索结果列表中选择相应的商品，进入"供应商品"详情页面，采购人员可以在此查看商品的详情描述和价格说明，以及通过电话和在线咨询的方式与供应商沟通。确认好供应商后，可以直接单击"立即订购"按钮下单，具体操作如图 5-16 所示。

图 5-16　"供应商品"详情页面

5.2.2　企业信息库

企业信息库是指阿里巴巴提供的"企业集采"信息库，采购方可以进入相关系统，享受整合好的供应商资源和较为可靠的供应商选择服务。图 5-17 所示为阿里巴巴 1688 企业采购平台。

图 5-17　1688 企业采购平台

在阿里巴巴"企业集采"信息库中，可以通过以下 3 种方式快速地选择可靠的供应商，如图 5-18 所示。

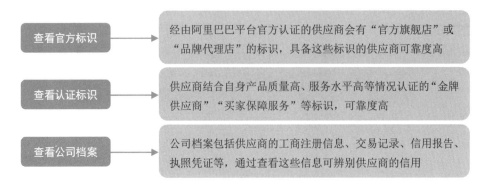

图 5-18　选择可靠的供应商的方式

选择可靠的供应商的优势在于其资源丰富，且大多数供应商的安全系数高，方便辨别；不足之处是系统需要注册，相对于网络直接搜索而言，其便捷性较低。

5.2.3　市场考察

市场考察，是采购方选择供应商的又一途径，具体是采购人员直接到产品批发市场寻找供应商，与供应商面对面进行直接交流。

市场考察的优势在于采购人员可以当面与供应商进行交流，能看到产品实物，可靠度高，且可以享受到最低价格优惠。但也存在采购人员出现判断失误的情况，例如采购人员对市场行情不了解而高成本采购等。

因此，采购人员有必要掌握一些辨别技巧，根据采购的需求直接定位到某一类供应商，如图 5-19 所示。

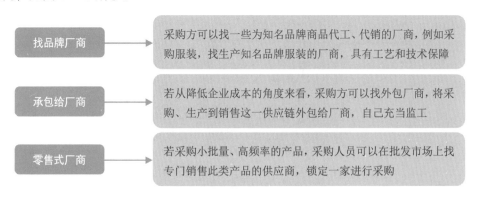

图 5-19　市场考察供应商的辨别技巧

对于新手采购人员来说，在实施采购时还需注意一些细节。以服装采购为例，采购人员从服装批发市场采购一批服装，需要注意在自身形象上进行包装、掌握行话、恰到好处地还价、问清楚细节，以及尽量投其所好地与供应商交流等方面的事项，具体如图 5-20 所示。

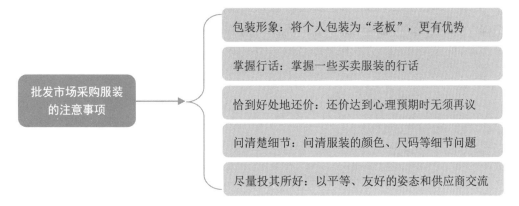

图 5-20　批发市场采购服装的注意事项

专家提醒

　　行话，指的是每个行业在各自行业内使用的一些俗语或术语。例如，服装行业中常见的行话有一手(拿齐一类服装的所有颜色和尺码)、打包(大批量地采购)、混批(多种尺码或颜色的服装一起采购)、散客(距离批发市场近的顾客进行小批量的采购)等。采购人员选择到批发市场采购商品时，可以适当地掌握一些行话，这样可以低成本、高效益地采购。

5.2.4　自身好友圈

　　根据六度人际关系理论(six degrees of separation)，两个陌生人之间建立联系不会间隔 6 个人。也就是说，世界上任何两个人都有可能成为熟人，因此采购人员自身的好友圈也是寻找供应商的一种方式。图 5-21 所示为六度人际关系理论图。

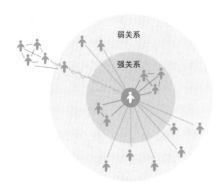

图 5-21　六度人际关系理论图

有经验的采购人员在与之前的供应商合作时，通过积攒的好形象获得供应商的认可，从而与他们进行深度合作，或得到认识其他供应商的机会。另外，采购人员也可以从家人或同事的人际关系网出发，认识到某个厂商或代理商等。

这类方式的优势在于有助于扩展自己的人脉，在与供应商进行交流时可以减少沟通成本，建立合作的可能性较高。但这种方式存在偶然性，极不稳定，且对采购人员的人际交往能力要求较高。

5.2.5 手机搜索

随着移动互联网的发展，各种手机应用非常火爆，例如微信、抖音等，采购人员也可以通过这些手机应用来搜索供应商。下面以微信、抖音两个 App 为例介绍具体的操作方法。

1. 通过微信 App 搜索供应商

下面介绍通过微信 App"搜索"供应商的操作方法。

（1）打开微信 App，点击"搜索"按钮 Q，如图 5-22 所示。

（2）在搜索框中输入相应的关键词，例如"水泥供应商"，如图 5-23 所示。

图 5-22 点击"搜索"按钮　　　　图 5-23 输入相应的关键词

（3）在搜索结果中，切换至"小程序"选项卡，即可找到相关的供应商小程序，如图 5-24 所示。

（4）选择相应的小程序后进入其界面，即可查看供应商的详细信息，如图 5-25 所示。

图 5-24　切换至"小程序"选项卡　　　　图 5-25　查看供应商的详细信息

（5）采购人员也可以在搜索结果界面中切换至"公众号"选项卡，查找相关供应商的公众号，如图 5-26 所示。

（6）选择相应的公众号并关注后进入该公众号的聊天界面，点击"联系我们"按钮即可以直接联系该供应商，如图 5-27 所示。

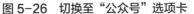

图 5-26　切换至"公众号"选项卡　　　　图 5-27　点击"联系我们"按钮

在公众号聊天界面中点击"官网入口"按钮，可以进入该公众号的微官网界面，选择相应的商品，如图 5-28 所示。

进入相应商品的详情界面，在此可以查看商品详情、厂家信息和联系电话，采购人员可以直接用手机拨打供应商电话进行沟通，如图 5-29 所示。

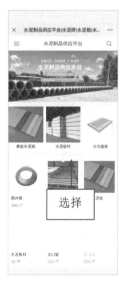

图 5-28　选择相应的商品　　　图 5-29　相应商品的详情界面

2. 通过抖音 App 搜索供应商

通过抖音 App 查找供应商的操作方法与微信 App 的操作方法类似，但抖音的页面设置与微信有所不同。

下面介绍通过抖音 App 搜索供应商的操作方法。

（1）打开抖音 App，点击"搜索"按钮Q，如图 5-30 所示。

（2）在搜索框中输入相应的关键词，例如"水泥供应商"，如图 5-31 所示。

图 5-30　点击"搜索"按钮　　　图 5-31　输入相应的关键词

（3）在搜索结果中，切换至"用户"选项卡，可找到相关的供应商抖音账号，如图 5-32 所示。

（4）选择感兴趣的用户后进入其界面，即可查看供应商的联系电话、地址等详细信息，如图 5-33 所示。

图 5-32　切换至"用户"选项卡　　图 5-33　查看供应商的详细信息

（5）采购人员也可以在搜索结果界面中切换至"商品"选项卡，查找相关的供应商品，如图 5-34 所示。

（6）选择感兴趣的商品进入其界面，可以查看该商品的价格、型号等信息，如图 5-35 所示。

图 5-34　切换至"商品"选项卡　　图 5-35　查看商品的价格、型号等信息

（7）如果需要进一步了解该商品，可以向下滑动页面，进入评价区、详情区、推荐区，查看更多的商品信息，如图 5-36 所示。

（8）点击左下角的"客服"按钮，可以与客服进行在线沟通，如图 5-37 所示。

图 5-36　查看更多商品信息

图 5-37　点击"客服"按钮

5.3　确定方式：选择供应商的要求

案例思考：

经验丰富的采购经理李某，一直在一家药店从事采购工作。在一次给新人培训的分享会上，他分享了唯一一个工作经验是关于选择供应商的。李某说："我在选择供应商时，无论采用什么途径，都会实地考察供应商，重点考察供应商的供货能力、产品质量、产品价格以及信誉。"对此，你怎么看？

在找好供应商之后，采购方需要确定最终合作的供应商，而确定供应商，主要从安全性、利益性和服务质量 3 个方面来考察。本节将从这 3 个方面入手重点讲解采购方如何选择供应商。

5.3.1　考察安全性

考察供应商的安全性，包括供应商的产品质量、企业形象和风险评估 3 个方面。下面对这些内容进行具体说明。

1. 产品质量

供应商的产品质量可以从供应商的生产水平、技术水平、人才管理等方面来考察，因为这些方面直接关乎产品的质量。一般而言，采购方也会制定出采购产品的型号、规格、质量等级等，在进行考察时，可以按照这些要求来对比供应商提供的样品。图 5-38 所示为产品质量标准示例表。

产品质量标准示例表

检验项目		HERO	小海豚	蒲公英
定量范围 g/m²		350～3100	350～3100	300～3100
定量偏差	≥1000g	$\pm^5_3$	$\pm^5_3$	$\pm^5_3$
	<1000g	±3	±3	±3
厚度范围/mm		0.5～5.0	0.5～5.0	0.5～5.0
厚度偏差/mm		±0.05	±0.05	±0.05
水分/%		≤9	10±1	12±1
尺寸偏差/mm		$\pm^3_0$	$\pm^3_0$	$\pm^3_0$
偏斜度/mm		≤3	≤3	≤3
翘曲度		≤1 cm/m²	≤1 cm/m²	≤1 cm/m²
黏合度		纸板经外力作用结合面应发生破坏或严重拉毛现象，不允许有纸面完整的复合面分离现象		
外观		(1) 纸面无破损、无明显褶皱或荷叶边现象； (2) 每批纸板色泽应基本一致，不许有露底现象； (3) 表面油墨及未分离的浆块或烂浆点直径不得超过 3 mm，且 1.5～3.0 mm 尘埃点少于 10 个/m²		

图 5-38　产品质量标准示例表

2. 企业形象

供应商的企业形象指的是供应商以外的企业或消费者对供应商的评价。考察供应商的外在形象，主要是考察供应商能否按时完成交货。具体来说，采购方可以通过查看供应商营业凭证的合法性、以往的交易合作记录、不良经营的记录、与供应商合作过的企业的评价，以及合作成功的企业数量等信息来考察供应商的企业形象。

采购方也可以通过国家企业信用信息公示系统(见图 5-39)查询供应商的信用，还可以从阿里巴巴"企业集采"信息库直接查看消费者对企业的评价。

3. 风险评估

风险评估，是指采购方为规避选择供应商出错而对供应商的生产过程、产品质量等方面进行诊断的方式，这也是考察供应商安全性的途径之一。

采购方对供应商进行风险评估有以下几个步骤，如图 5-40 所示。

图 5-39 国家企业信用信息公示系统　　图 5-40 对供应商进行风险评估的步骤

其中，建立的供应商风险评估表是考察供应商安全的主要指标。图 5-41 所示为供应商风险评估表示例。

供应商风险评估表

风险类别	项目	方法	风险程度			标准分值	结果		
			高/A(×1)	中/B(×0.4)	低/C(×0.1)		风险	分值	小计
质量风险	GMP法规符合的历史情况	检查监管机构的检查/行动客户以往质量审计的情况	存在大量和/或严重的缺陷	存在少量一般缺陷	极少或没有缺陷	4			
			存在审计要求整改的多种不良管理状态	存在审计要求整改的个别不良管理状态	无审计要求整改的不良管理状态	3			
	质量体系/流程	重大的偏差、召回、返工	逾期未完成的纠正/预防行动每批都有大量的偏差	个别纠正/预防行动逾期未完成部分批次出现偏差	纠正/预防措施的项目均按期完成极少/没有偏差	3			
						3			
			有重大的偏差	有少量重大的偏差	极少没有重大偏差	3			
			产品召回	—	无产品召回	3			
			返工	少量批次返工	极少/没有返工	3			
	投诉	因质量体系缺陷所致的投诉	客户投诉系生产控制和质量体系的缺陷所致	少量客户投诉系生产控制和质量体系的缺陷所致	所接到的投诉均非生产控制和质量体系缺陷所致	3			
	调查(包括偏差、投诉、试验室等)	调查的质量、需要调查的偏差数量、纠正/预防措施的有效性	调查不彻底、文件不规范	个别调查不彻底、文件不规范	高质量的调查、规范的书面记录	3			
			没有及时进行调查	个别调查未及时进行	及时报告、及时调查和如期完成	2			
			调查范围没有明确的界定	个别调查范围没有明确的界定	调查范围没有明确的界定	2			

图 5-41 供应商风险评估表示例(部分内容)

5.3.2　从利益出发

从利益出发，是确定供应商的方式之一，指的是采购方与供应商在采购活动中取得共同的利益，主要表现在双方的买卖价格上。在采购价格上，采购方会以较低的、合理的成本价为预算进行采购，若某一家供应商提供的产品价格在采购方的预算之内，那么该供应商就会成为采购方确定的供应商。

在实际采购过程中，采购方与供应商往往不是一开始就在价格上达成一致意见，而是在采购方与供应商有意合作的基础上，双方就采购价格进行协商。采购人员若想要尽可能地降低采购成本，就需要掌握一些与供应商协商价格的技巧来占据主动位置，详细说明如图 5-42 所示。

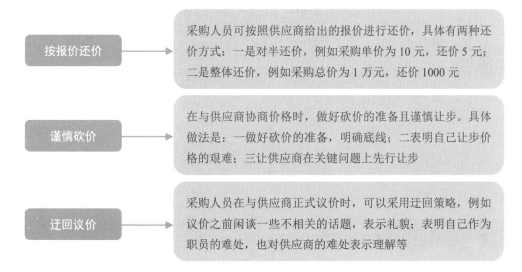

按报价还价　采购人员可按照供应商给出的报价进行还价，具体有两种还价方式：一是对半还价，例如采购单价为 10 元，还价 5 元；二是整体还价，例如采购总价为 1 万元，还价 1000 元

谨慎砍价　在与供应商协商价格时，做好砍价的准备且谨慎让步。具体做法是：一做好砍价的准备，明确底线；二表明自己让步价格的艰难；三让供应商在关键问题上先行让步

迂回议价　采购人员在与供应商正式议价时，可以采用迂回策略，例如议价之前闲谈一些不相关的话题，表示礼貌；表明自己作为职员的难处，也对供应商的难处表示理解等

图 5-42　与供应商协商价格的技巧

5.3.3　评估服务质量

供应商的服务质量好会给采购人员留下好的印象。在招标时，两家同等条件的供应商，若其中一家供应商在服务质量上有所突出，那么就会影响采购人员的判断力，从而增加中标的成功率。

采购方对供应商的服务质量要求体现在服务态度、交货及时以及售后服务 3 个方面，具体内容如下。

1. 服务态度

供应商的服务态度，体现在供应商人员的素养方面。采购人员与供应商进行沟通时，可以通过询问供应商方面的人员对有关专业问题的认识，考察供应商能否给出快速、及时且准确的看法，或是对合作中存在的某些问题提出合理的解决方案。

采购人员也可以在与供应商的谈判过程中查看其是否具有诚意。例如，供应商方面的接洽人员是否以朋友的身份对待采购方；或在谈判过程中对于价格的协商、合同的细节问题等交流是否满怀热情。

2. 交货及时

交货及时是对供应商供应能力的考察内容之一。供应商准时交货，是供应商生产能力强的体现，也是采购方持续生产的必要保障。

采购方考察供应商的交货期，首先必须明确交货时间的计算。供应商的交货时间由以下几个时间构成，具体如图 5-43 所示。

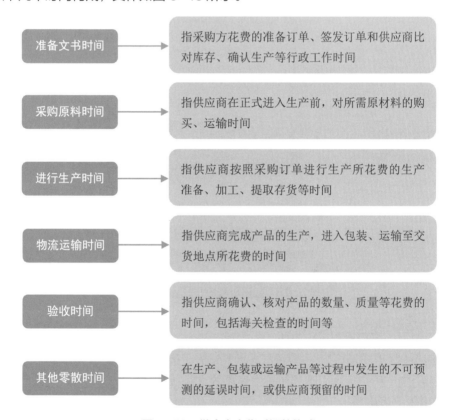

图 5-43　供应商交货时间的构成

一般而言，采购的交货时间会由采购方与供应商根据上述时间预测得出，主要由供应商方面计算。采购方也可以计算出供应商交货及时率，以此来考察供应商，其计算公式为"（按时交付订单的数量/需要交付订单的数量）×100%"。

3. 售后服务

售后服务是考察供应商的一个很重要的因素。供应商的售后服务水平同样影响着采购活动的成败，例如采购方收货后投入生产环节时发现质量问题，供应商是否承担退换货服务。

一般而言，优质的供应商在提供服务时，会将产品和售后服务承诺书寄给采购方，或者供应商因重视自己的品牌形象，会寄给采购方信息反馈表。图 5-44 所示为售后服务承诺书模板，图 5-45 所示为用户信息反馈表模板。采购方可以以这类信息作为考察供应商的依据。

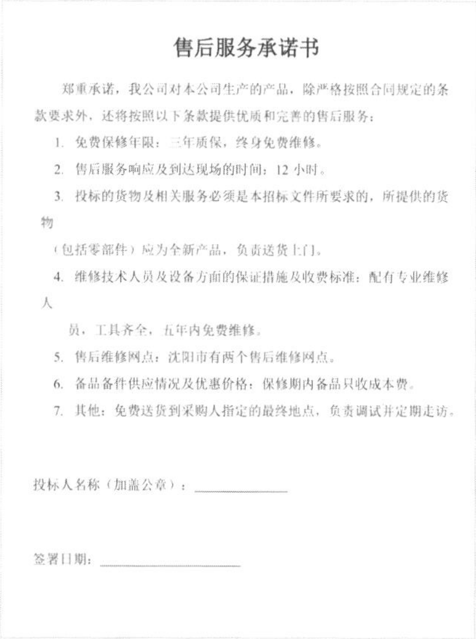

售后服务承诺书

郑重承诺，我公司对本公司生产的产品，除严格按照合同规定的条款要求外，还将按照以下条款提供优质和完善的售后服务：

1. 免费保修年限：三年质保，终身免费维修。
2. 售后服务响应及到达现场的时间：12 小时。
3. 投标的货物及相关服务必须是本招标文件所要求的，所提供的货物

（包括零部件）应为全新产品，负责送货上门。

4. 维修技术人员及设备方面的保证措施及收费标准：配有专业维修人

员，工具齐全，五年内免费维修。

5. 售后维修网点：沈阳市有两个售后维修网点。
6. 备品备件供应情况及优惠价格：保修期内备品只收成本费。
7. 其他：免费送货到采购人指定的最终地点，负责调试并定期走访。

投标人名称（加盖公章）：____________

签署日期：____________

图 5-44　售后服务承诺书模板

用户信息反馈表

采购单位(公章)		联系人	
联系电话		设备名称	投影机电脑多媒体设备
联系地址			
采购时间		采购数量	
品质满意度(在相应内容后打钩)	满意(　　)　比较满意(　　)　一般(　　)　差(　　)		
售后服务情况(在相应内容后打钩)	优秀(　　)　良好(　　)　一般(　　)　差(　　)		
其他建议			
反馈时间			

图 5-45　用户信息反馈表模板

第 6 章

巩固渠道：
构筑供应链体系

通俗地讲，供应商即采购产品的来源渠道，而巩固渠道是指对供应商进行管理，以完善产品的整个供应链体系。管理供应商，包含供应商的日常管理与长久合作两大方面。本章将详细介绍这两个方面。

6.1 有效管理：妥善安置供应商

案例思考：

　　××塑业公司在与××纺织厂签订采购合同之后，便打算坐等接收××纺织厂运送货物，没有再进行后续更进了。直至交货期当天没有收到货物，向××纺织厂询问情况，这才得知××纺织厂因原料不足延期了货物生产。企业在与供应商签完采购合同后，就算完成采购了吗？

　　确定好与供应商的合作之后，采购方需要对供应商进行有效的日常管理，包括将供应商信息归档、适时掌握供应商动态，以及处理好与供应商的关系。本节将对这些内容进行具体介绍。

6.1.1 将供应商信息归档

　　对于采购方来说，按照采购需求的不同会有不同的供应商，而将这些不同的供应商信息进行归档，有助于采购方科学地管理供应商。下面具体介绍归档供应商的基本信息、归档方式和信息核实。

1. 基本信息

　　在进行信息归档之前，采购方可以先将供应商分成不同的种类，再进行归档，具体可参考以下两种方式进行分类，如图 6-1 所示。

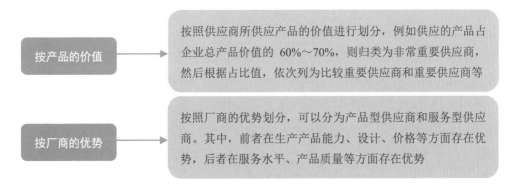

按产品的价值 —— 按照供应商所供应产品的价值进行划分，例如供应的产品占企业总产品价值的 60%～70%，则归类为非常重要供应商，然后根据占比值，依次列为比较重要供应商和重要供应商等

按厂商的优势 —— 按照厂商的优势划分，可以分为产品型供应商和服务型供应商。其中，前者在生产产品能力、设计、价格等方面存在优势，后者在服务水平、产品质量等方面存在优势

图 6-1　分类供应商的方式

　　结合企业采购情况，选择上述分类方式将供应商进行分类之后，再一一对供应商的信息进行归档，具体需要归档供应商的基本信息，如图 6-2 所示。

图6-2　归档供应商的基本信息

2. 归档方式

电子文件归档方式是目前归档各项信息中最常用的方式。采购方在进行供应商信息归档时，也可采用电子文件归档方式，其优势在于存储空间大，方便随时查看。图6-3所示为供应商基本信息电子存档示例。

供应商基本信息表

企业简介	(控制在100字内)				
企业名称	××××有限公司			法人代表	
营业执照号				注册资金	10万元
税务登记号				企业规模	总资产/人数/年产值
组织机构代码				公司类型	有限责任公司
供应商类别	制造商/代理商			邮政编码	
经营范围	办公设备及耗材、零配件；文化用品；体育用品；计算机软硬件及零配件；建筑材料；劳保用品			企业网址	
主营业务				详细地址	
主营业务生产能力				开户银行	
近三年企业销售业绩				银行账号	
质量管理体系认证名称		证书编号	证书有效期	发证机构	

联系信息

联系人		职务		移动电话		传真	

产品及资质信息

序号	产品名称	生产商	规格型号	资质证明文件(证书、许可、评审、鉴定检测报告)	资质证明文件编号	资质证有效期	发证机构	技术标准/规范/图号	备注
1									
2									
3									

图6-3　供应商基本信息电子存档示例

3. 信息核实

在归档供应商的信息时，注意确保归档的信息是准确、有效的，因此在归档信息时需要采购人员或行政人员仔细审查，重点核实以下几方面内容，如图 6-4 所示。

图 6-4　核实供应商信息的内容

6.1.2　适时掌握供应商动态

与供应商确定好合同之后，需要不定期地掌握供应商的动态，以保证供应商及时交货和采购任务的按时完成。

在掌握供应商的动态之前，采购方要与供应商保持沟通，保证各项信息互通共享。为确保双方沟通的有效与及时，采购方需要做到以下几点，如图 6-5 所示。

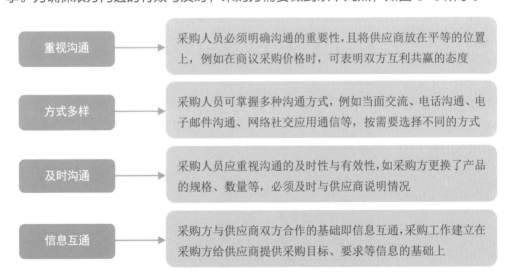

图 6-5　采购方与供应商有效沟通的明确事项

在采购的过程中，采购方需要实时跟踪供应商生产产品的进度，可采用一些追踪方式来督促供应商的行为，具体方式如下。

（1）把控供应商的交货进度。可通过采购进度表（模板见图 6-6)来对供应商的行为进行监督。

采购进度表

序号	物品名称	规格/型号	单位	数量	品牌	申购明细			进度跟踪	实际到货日期	物品状态		
						申购人	申购日期	到货日期			入库日期	出库日期	签名

图6-6 采购进度表模板

（2）直接催货。当供应商的生产进度稍慢时，采购方有权直接向供应商催货，通过给供应商发送催货通知单，以督促供应商及时供货或缩短逾期时间。表 6-1 所示为催货通知单模板。

表6-1 催货通知单模板

催货通知单

××公司(供应商的单位名称)：

  根据本公司与贵公司签订的采购合同(编号：××)，贵公司应于××××年××月××日前向我公司交付以下货物，现已逾期，请速于××日内发货。

  如货物正在运输途中，请来函说明到货日期，望见谅。

  若贵公司确实存在交货困难，也请来函说明。

××公司
××××年××月××日

物品编号	物品名称	规格	型号	单位	到货情况		
					采购数量	到货数量	差额
备注							

若采购方发出催货通知单，需要相应地记录采购跟催表，做好归档记录。表 6-2 所示为采购跟催表的模板。

表 6-2　采购跟催表模板

采购跟催表

公司名称				采购日期				
采购单编号				跟催人员				
物品编号	物品名称	规格	型号	单位	数量	供应商	到货情况		
							预定日期	实际日期	到货数量
备注									

若采购需求有变化，需要及时反馈给供应商，可通过采购需求更改通知单，正式向供应商发出通知。表 6-3 所示为采购需求更改通知单的模板。

表 6-3　采购需求更改通知单模板

采购需求更改通知单

公司名称			申请人				
更改日期							
采购更改说明							
更改物品信息							
序号	更改项目	采购单号	物品名称	物品编码	采购数量	金额	摘要
1							
2							
…							
采购人员签字				日期			
审核人员签字				日期			
部门负责人意见				日期			
采购部经理意见				日期			
备注							

在变更采购需求的同时，需要相应地更改交货日期。表 6-4 所示为交货期变更联络单的模板。

表6-4　交货期变更联络单模板

交货期变更联络单

××公司(供应商的单位名称)：

　　根据本公司与贵公司签订的采购合同(编号：××)，贵公司原定于××××年××月××日前向我公司交付以下货物，现因特殊原因，请求贵公司改期发货。

　　给贵公司带来的不便，还望见谅。

××公司

××××年××月××日

原因说明								
(详细的原因)								
物品编号	物品名称	规格	型号	单位	变更前		变更后	
					日期	数量	日期	数量
备注								

专家提醒

　　催货通知单、采购需求更改通知单、交货期变更联络单等文件是采购方与供应商进行平等交流、互利合作的沟通方式，可促进双方的友好合作以及展现采购方的外在企业形象。因此，在制作这些文件时，越规范就越能够发挥文件的作用。

6.1.3　处理好与供应商的关系

为了顺利地实现采购目标，采购方在与供应商合作时需要构建平等、互利、友好的合作关系。相对而言，采购方在双方的关系中占据主动地位，因此为维护好双方的关系，采购方需要重视以下几点。

1. 平等相处

平等相处是人与人友好交往的基础，也是维护采购方与供应商合作关系的基本原则。采购方需要以平等的态度对待供应商，例如在谈判中，采购方要严格约束自己，禁止出现以下 3 种行为。

(1) 供应商明确表示不愿意让步的行为，禁止逼迫供应商让步。

(2) 拟定采购合同条款时，禁止罗列条件不对等的规定。

(3) 签订合同时，对于合同内包含损害供应商利益的条款，供应商不愿意签订时，采购方不得采取欺骗或其他不道德的手段来逼迫供应商签订。

2. 保持主动

采购方可在平等对待与尊重供应商的基础上，适当地保持主动，这也是采购方为企业降本增效的基本要求，具体表现在与供应商的合作过程中，避免因知识漏洞或经验缺乏而被供应商"牵着鼻子走"。

为避免发生这类情况而影响企业的运营，采购方可采取以下措施来保持主动地位，如图 6-7 所示。

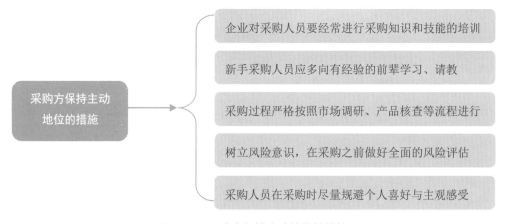

图 6-7　采购方保持主动地位的措施

3. 容错心理

容错心理，是指一种用发展的眼光看待事物的心理。容错心理经常被采购人员用于维护与供应商的关系，是指采购方在面对供应商的错误时，以长久的战略眼光和处于发展中的心态来看待，不"以偏概全"，不因为供应商犯的小错误而终止与供应商的合作。

容错心理在采购方与供应商关系中的运用，从彼此的角度来分析，有两种不同的情形，具体如图 6-8 所示。

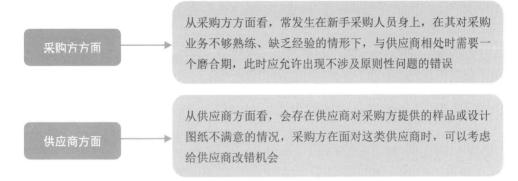

图6-8 容错心理运用于采购方与供应商关系的两种情形

6.2 绩效管理：评估供应商的完成度

案例思考：

××公司在撰写年终报告时，通常会多一份《××年供应商年度业绩评定表》，在表中会对某一供应商的行为作出评分，如产品质量评分×分；按期交货得分×分等。想一想：××公司对供应商评分的目的是什么？

绩效管理是对供应商实施的奖惩机制。为确保采购任务的顺利完成，具体由采购方制定出考核供应商的绩效方案，确定好考核供应商的指标，以及管理后续绩效方案的实施。本节将对绩效管理的相关内容进行详细介绍。

6.2.1 确立绩效方案

绩效方案是由采购方结合采购任务的要求而制定的考核供应商的规范化标准。一般而言，考核供应商的绩效方案中会包含制定绩效方案的目的、适用范围、建立评分体系、设置奖惩机制、实施绩效考核等内容，如图 6-9 所示。下面对绩效方案中的这些内容进行简要介绍。

1. 制定目的

制定目的，具体是指制定绩效方案的目的或绩效方案所发挥的作用。一般来说，采购方制定绩效方案有以下3个目的。

(1) 方便采购方随时知晓供应商的状况，确保采购活动的顺利完成。

(2) 通过绩效考核供应商，方便采购方了解供应商的能力和水平，为双方后续的合作提供依据。

（3）及时了解供应商供应产品存在的困难，方便采购方为其提供协助。

2. 适用范围

适用范围是指采购方制定的绩效方案所考核供应商的范围。一般而言，绩效方案适用于供应商的范围为以下3种，如图6-10所示。

图6-9　考核供应商的绩效方案

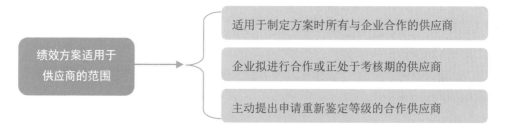

图6-10　绩效方案适用于供应商的范围

3. 建立评分体系

不同企业对于供应商的要求不同，绩效方案中的评分体系也会有所不同。一般而言，企业都会对供应商的交货质量、服务水平以及管理情况进行评分。另外，企业也会对其他方面进行评分，例如报价高低、信用度等。

其中，企业会设定总分为 100 分，对供应商不同方面的权重占比进行评分。计算各类权重占比的公式，如表 6-5 所示。

表 6-5 供应商不同方面的权重占比计算公式

供应商的不同方面	权重占比计算公式	备 注
产品的品质	有 3 种计算方法： (1)退货率=(退货次数÷交货次数)×100% (2)平均合格率=(各次合格之和÷交货次数)×100% (3)全合格率=总合格数÷总交货数×100%	举例说明： (1)某企业供应商 5 月交货 6 批次，退货 1.5 批次，则其退货率=(1.5÷6)×100%= 25% (2)某供应商交货 3 次，每次的合格率分别为 80%、70%、75%，则其平均合格率=[(80%+70%+75%)÷3]×100%=75% (3)某供应商在 1 个月内交货 20 000 个产品，其中总合格数为 15 860 个，则其合格率=(15 860/20 000)×100%=79.3%
交货情况	有两种计算方法： (1)准时率=(送货数量÷订货数量)×100% (2)逾期率=(预期批数÷交货批数)×100%	供应商的交货准时率越高，其评分越高，反之则评分越低；其逾期率越高，对供应商的评分会越低
服务水平	根据售前服务和售后服务状况来确定	供应商的服务越好，其评分就越高
供应商的产品报价	根据市场调研同类产品的价格对比	供应商的产品报价与采购方计划的采购预算越接近，则评分会越高

4. 设置奖惩机制

奖惩机制，是指为激励供应商提升供应能力而采取的方法。奖惩机制主要是对方案实施的结果进行预测，划分合格与不合格的标准，并奖励合格、优良的供应商，对不符合标准的供应商予以拒绝。

通常情况下，企业会将参与评分的供应商划分为 A、B、C、D 等级别，按照不同的级别来设置不同的奖励或惩处标准，如表 6-6 所示。

表 6-6 企业对不同级别的供应商的奖惩情况

级别	综合绩效/分	奖惩情况
A 级	100～90	A 级供应商，可酌情增加采购量，优先采购，货款优先支付
B 级	89～80	B 级供应商，双方达成的采购战略保持不变，要求对其不足之处加以整改，并提交书面整改报告
C 级	79～70	C 级供应商，减少采购量或暂停采购，要求对其不足之处加以整改，并提交书面整改报告，采购部须对其整改结果进行确认，从而决定是否与其继续合作
D 级	69 以下	D 级供应商，须从"合格供应商"名单中删除，并终止与其合作

5. 实施绩效考核

企业根据自身采购情况，制定出实施绩效考核方案，并绘制一些标准的表格进行汇总。图 6-11 所示为供应商年度考核评分表的模板(部分内容)。

供应商年度考核评分表

项目名称			
供方名称:		负责人	
主营范围:		联系电话	
考评项(分值)	考评标准	分值	得分
项目评分(60 分)			
产品资料(5 分)(合格证、各类检验试验报告)	及时、齐全符合要求	5 分	
	及时、不齐全/不及时、齐全	3～4 分	
	不及时、不齐全	1～2 分	
	未提供资料	0 分	
产品质量(25 分)	符合合同要求	25 分	
	基本符合要求	18～24 分	
	不符合合同要求，但可降级使用	6～17 分	
	质量严重不合格	0～5 分	
供货情况(15 分)	严格按计划供货	15 分	
	基本按计划供货	9～14 分	
	供货稍有滞后	5～8 分	
	供货严重滞后	0～4 分	
配合情况及技术能力(15 分)	配合很好，技术能力强	13～15 分	
	一般	9～12 分	
	配合较差	6～8 分	
	不配合	0～5 分	
工程管理中心评分(40 分)			
资质资料(5 分)	完全有效	5 分	
	不齐全	0～4 分	

图 6-11 供应商年度考核评分表模板(部分内容)

图 6-12 所示为供应商绩效考核分数表模板。

供应商绩效考核分数表

采购材料					
评比项目	满分	评估分			
		供应商 A	供应商 B	供应商 C	供应商 D
价格	15				
品质	60				
交货期交量	10				
配合度	10				
其他	5				
总分					

图6-12　供应商绩效考核分数表模板

6.2.2　确定考核指标

在制定对供应商的绩效考核方案中，最重要的就是确定考核指标，采购方若以考核指标为依据对供应商进行管理，将有助于规范、提高供应商的供货能力。

具体而言，确定供应商绩效考核指标可以从供应商的服务质量、企业效能、合作程度和财务能力这 4 个方面入手。下面将对这些内容进行详细介绍，以帮助采购方完善供应商绩效考核方案。

1. 服务质量

将供应商的服务质量作为主要考察指标之一，确保采购方与供应商实现长久的合作。考察供应商服务质量又可细分为以下 3 个指标，如图 6-13 所示。

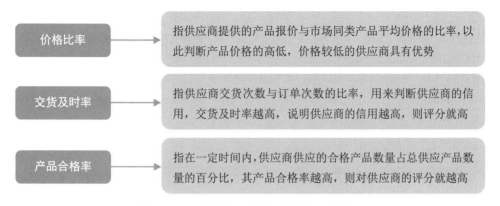

图6-13　考核供应商服务质量的3个指标

2. 企业效能

从整个供应链来看，供应商充当着资源供应的角色，是整个供应链得以运行的基础。因此，供应商的生产能力、技术能力等企业效能应作为考核供应商绩效的指标之一。考核供应商的企业效能包含以下 4 个方面，如图 6-14 所示。

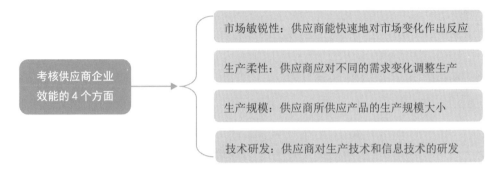

图 6-14 考核供应商企业效能的 4 个方面

3. 合作程度

合作程度指的是采购方与供应商之间合作的配合度，具体包含信息共享度、订单完成度以及外在评价 3 个方面，详细说明如图 6-15 所示。

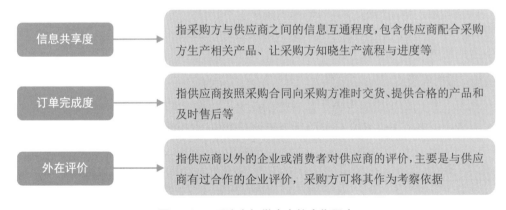

图 6-15 采购方与供应商的合作程度

4. 财务能力

供应商的财务能力是供应商的生产能力、供货能力以及信用程度等的基础。采购方在对供应商进行考察时，可将供应商的财务能力作为考核指标之一，具体可通过资产负债率、投资收益率、销售收入增长率和净利润增长率来考察。

6.2.3 管理方案实施

供应商绩效方案确定之后，便可进入方案的实施阶段。采购方在实施供应商绩效方案时，需要对方案的实施过程进行监控与管理，并及时解决出现的问题。具体来说，采购方管理供应商绩效方案的实施需要对采购业务和辅导供应商两项工作进行监控，详细说明如下。

1. 监控采购业务

由于对供应商考核的各项指标发生在采购业务的全过程，因此采购方在对供应商绩效方案的实施进行管理时，需要监控采购业务的全过程。具体的监控流程如下。

（1）确定好评估的责任人。采购方从涉及采购业务的所有人员中选择并确定相关责任人，例如确定采购需求的负责人、采购部门的负责人、生产人员、质检人员等对供应商进行评估。

（2）根据考核指标对供应商的相关方面进行评估。由采购方确定相关责任人按照绩效方案中的考核指标来对供应商进行评估。

（3）得出评估结果，并作出调整。采购方的各个评估责任人按照各项指标对供应商进行打分，并将供应商评估反馈表（模板见表 6-7）报给相关领导审批。

表 6-7 供应商评估反馈表模板

供应商评估反馈表					
供应商名称					
评估时段					
评估结果	□优秀	□良好	□合格	□基本合格	□不合格
评估的具体情况					
评估人意见					
日期					

2. 辅导供应商

辅导供应商主要是指采购方在评估供应商之后，对供应商存在的问题制定出解决方案或协助其解决相关问题，其流程如图 6-16 所示。

在上述辅导供应商的流程中，若是采购方认为供应商的改善成果不理想，就需要对其进行分析，重新与供应商协商制定改善计划书。具体而言，采购方在辅导供应商时制定的改善计划书应包含以下 4 方面内容，详细说明如图 6-17 所示。

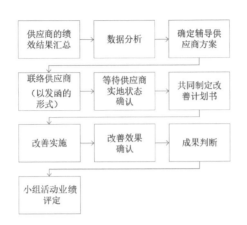

图 6-16　采购方辅导供应商的流程

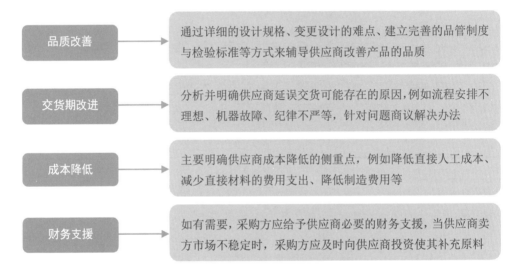

图 6-17　辅导供应商的改善计划书内容

6.3　长久合作：确定重复性采购供应商

案例思考：

苏宁电器在多年的采购经验的基础上创新了零采购模式，与惠普建立了长期且稳定的战略合作关系。惠普为苏宁提供全方位的技术支持，苏宁为惠普提供最新产品展示、包装、送货等服务，两家企业由此实现双赢。至今，苏宁电器拥有享誉全球的知名度离不开这次战略合作。

对供应商实施管理，最直接的目的在于评估供应商的供货能力，以确保当前合作的顺利完成。从长远的采购战略来看，某一家供应商供货能力的优劣，也决定着采购方与供应商能否建立长久的合作关系。因此，管理供应商对于双方关系的建立具有重大意义。

那么，采购方如何确定能够与某一家供应商实现长久合作呢？具体来说，需要采购方通过供应链全局视角来采取相应的举措。

6.3.1 供应链管理的思维转变

供应链管理思维，是应对现阶段经济形势不断变化的一种管理供应商的新型思维模式。具体而言，供应链管理思维指的是从采购方开始，连接产品的供应商、分销商、零售商等汇成链条进行集中管理。实施供应链管理，具有以下几个特征。

（1）即时满足性。即时满足性是指针对终端客户的需求进行采购、生产等环节，并制定出相对应的工作与管理方案。

（2）长久合作。长久合作是指供应链得以运作良好的关键在于提高整个供应链的绩效。因此，要求供应链中的各个参与者如采购方、供应商等之间必须建立长久且稳定的合作。

（3）信息的高度共享。供应链中各个组织的交流与沟通应实时、有效，这要求各个组织之间必须保持信息互通且无缝传输。

（4）连续库存模式。供应链中的生产与销售活动，要求库存控制不能间断，须长期保持连续性。

（5）杠杆技术的运用。主要通过计算能力和互联网来平衡成本与损失。

传统的供应商管理思维认为，供应商管理是制造业内部的事情，但在供应链思维的影响之下，逐渐转变为供应链集成管理思维。这种思维转变具有以下 3 个意义，如图 6-18 所示。

图 6-18　转变供应链集成管理思维的意义

6.3.2 供应链管理的完善与规范

对供应链的管理可以沿用供应商管理的绩效方案，但应加以完善与规范。具体来说，有效的供应链管理可以实现以下 4 个目标，如图 6-19 所示。

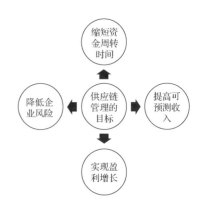

具体来说，实行供应链管理需要实现的目标又可细分为 3 个方面。

（1）高效的服务。例如，如供应商准时供应货物、物流运输准时配送等，涵盖在供应链中的所有环节都要求以"用户至上"的服务理念，为用户提供高效的服务，从而增加企业的整体收入。

图 6-19　供应链管理的目标

（2）实现"开源节流"。例如，在物流上节约运输时间、在生产上节约人力成本、在资源的利用上实现最优化等。

（3）调节库存。以准时生产制为指标，尽量实现零库存，保障库存的合理运用与合理储备。

为实现上述目标，使供应链更好地运作，企业在管理供应链时必须解决以下问题，如图 6-20 所示。

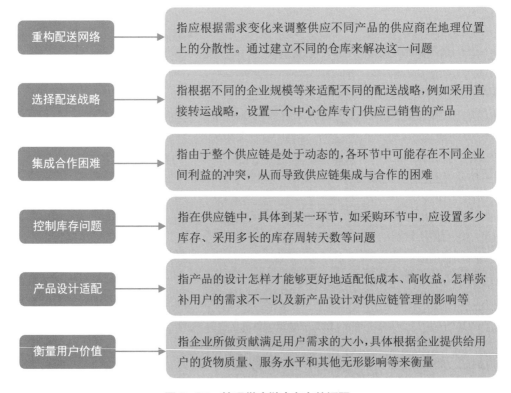

重构配送网络	指应根据需求变化来调整供应不同产品的供应商在地理位置上的分散性。通过建立不同的仓库来解决这一问题
选择配送战略	指根据不同的企业规模等来适配不同的配送战略，例如采用直接转运战略，设置一个中心仓库专门供应已销售的产品
集成合作困难	指由于整个供应链是处于动态的,各环节中可能存在不同企业间利益的冲突，从而导致供应链集成与合作的困难
控制库存问题	指在供应链中，具体到某一环节,如采购环节中,应设置多少库存、采用多长的库存周转天数等问题
产品设计适配	指产品的设计怎样才能够更好地适配低成本、高收益，怎样弥补用户的需求不一以及新产品设计对供应链管理的影响等
衡量用户价值	指企业所做贡献满足用户需求的大小,具体根据企业提供给用户的货物质量、服务水平和其他无形影响等来衡量

图 6-20　管理供应链中存在的问题

企业可按照上述亟待解决的问题来实现对供应链的管理，设置对应的考核指标和采取相应的策略。

6.3.3　供应链管理的实施策略

供应链管理的实施策略，是指在对供应链进行管理时所采取的方法。企业在管理供应链时，会根据不同的供应链运作模式和供应链管理的实施原则来采取对应的策略。下面对供应链的运作模式、实施原则和实施策略进行详细说明。

1. 供应链的运作模式

供应链的运作模式大致可以分为 3 种，即推动式、拉动式和混合式，具体说明如图 6-21 所示。

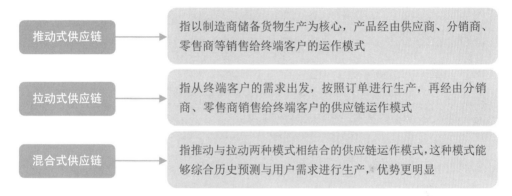

图 6-21　供应链的 3 种运作模式

这 3 种供应链运作模式各有其优势与不足，具体如表 6-8 所示。

表 6-8　3 种供应链运作模式的优势与不足

运作模式	优势	不足
推动式供应链	库存量大，能够应对可预测范围内的用户的需求	除制造商以外，分销商、零售商等处于被动地位，各环节间的企业集成度、合作度较低
拉动式供应链	各环节间的企业集成度较高，信息交换快，促进合作； 库存量较低，不容易造成企业损失； 按需生产可以推动产品的有序流转	对各企业组织人员的市场预测能力、协同能力等要求较高
混合式供应链	有序满足用户需求与控制企业库存； 设置"推拉边界点"，使供应链得以运转，各个环节企业间有序分工	需要各企业间关系密切、配合度高

2. 实施管理的原则

供应链管理实施原则的详细说明如图 6-22 所示。

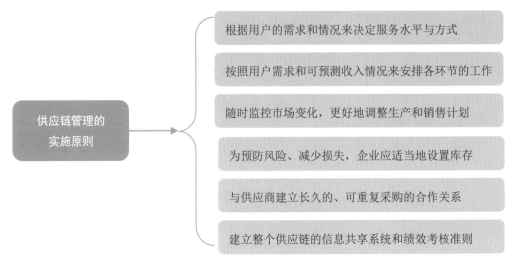

图 6-22　供应链管理的实施原则

需要注意的是，建立整个供应链的信息共享系统和绩效考核准则是各个企业间共同适用的，以满足终端客户的需求为目的。

3. 实施管理的策略

在供应链管理的具体实施中，可制定以下策略，详细说明如图 6-23 所示。

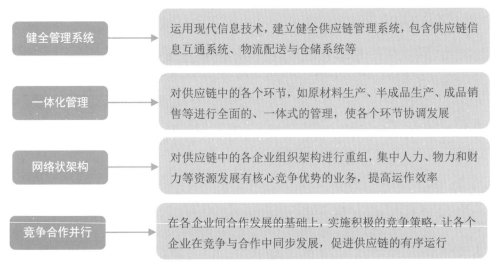

图 6-23　供应链管理的实施策略

在供应链的管理系统开发中，可借助互联网信息技术(Internet Technology，IT)平台来实现市场信息沟通与反馈、物流追踪与仓储定位，以及供应商的开发。

6.3.4　供应链管理的技术应用

在管理供应链时，企业可以使用一些技术或工具来协助管理，例如供应商管理库存(VMI)、联合库存管理(JMI)和快速反应(QR)等。下面简要介绍 5 种供应链管理中常用的技术，供大家参考。

1. 供应商管理库存

VMI 是 Vendor Managed Inventory 的缩写，即合作性策略模式，它是由供应商管理产品库存，及时满足用户需求的一种供应链管理技术。这种技术帮助各个企业精准预测需求，从而实现供应链效益的最大化。图 6-24 所示是 VMI 的运行模式图。

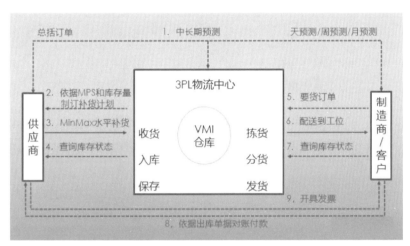

图 6-24　VMI 的运行模式图

专家提醒

　　Min 的全称是 Minimum，意为最小值，与 Max 相对；Max 的全称是 Maximum，意为最大值；3PL 是 Third-Party Logistics 的缩写，即第三方物流，也称委外物流或合约物流，它是指专门提供物流服务的公司。物流是采购中必要的环节，在传统的采购中主要由采购方或供应商承担，但随着第三方物流的兴起，企业为了提高自身的核心竞争力，更愿意将采购中的物流环节承包给第三方物流。

2. 联合库存管理

JMI 是 Jointly Managed Inventory 的缩写，即联合库存管理，它是一种供应商与分销商、零售商等各企业协作制订库存计划的供应链库存管理策略，如图 6-25 所示。JMI 的优势在于供应链的上中下游企业共同参与实现了库存资源的有效利用，有效地降低了企业的成本，且提高了供应链整体的工作效率。

图 6-25　JMI 的运行模式

3. 快速反应

QR 是 Quick Response 的缩写，即快速反应，它的运行原理是建立一个快速供应体系来达到顾客服务的最大化，从而合理地控制库存，减少产品降价风险，使企业获得最大销售额。

QR 得以实现需满足以下 3 个条件。

(1) 企业运用这项技术必须改变传统的运营观念，树立全新的经营意识与重组组织架构。

(2) 充分开发与利用现代信息技术，例如商品条形码技术、物流条形码技术、预先发货清单技术等，在供应链各环节间构建信息互通与资源共享的战略合作关系。图 6-26 所示为商品条形码技术。

(3) 作为供应方的供应商必须缩短生产周期，实现用户需求的及时满足。

4. 有效客户反应

ECR 是 Efficient Consumer Response 的缩写，即有效客户反应，具体是指产品的分销环节，为降低企业成本和减少开支，分销商与供应商携手合作管理需求与供应的一种供应链管理技术。

图 6-26　识别商品条形码

ECR 主要通过快速产品引进、快速商店分类、快速促销和以满足需求快速补充来构建体系管理供应链。它与 QR 都以合作的方式来追求高效的物流，但两者又有所区别，主要体现在以下几个方面，如图 6-27 所示。

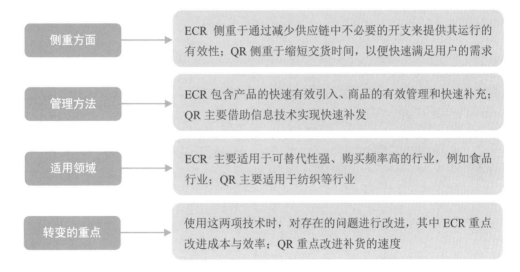

侧重方面	ECR 侧重于通过减少供应链中不必要的开支来提供其运行的有效性；QR 侧重于缩短交货时间，以便快速满足用户的需求
管理方法	ECR 包含产品的快速有效引入、商品的有效管理和快速补充；QR 主要借助信息技术实现快速补发
适用领域	ECR 主要适用于可替代性强、购买频率高的行业，例如食品行业；QR 主要适用于纺织等行业
转变的重点	使用这两项技术时，对存在的问题进行改进，其中 ECR 重点改进成本与效率；QR 重点改进补货的速度

图 6-27　ECR 与 QR 两种供应链管理技术的区别

5. 合作计划、预测和补给

CPFR 的全称为 Collaborative Planning Forecasting and Replenishment，是指合作计划、预测和补给是覆盖整个供应链过程的一种应用方法。其原理在于供应链上、中、下游的企业协同管理业务过程和保持信息互通，包括构建稳定的合作关系、共同制订各类计划、预测用户需求和市场变化，以及及时补充货源等都由各个企业协作完成。

第7章

控制成本：
实现企业轻资产

企业轻资产是指企业利用有效的资产获取最大的利益，这是所有企业的经营目标。而在企业的采购业务中，对采购成本的有效控制，即可帮助企业实现轻资产。本章将具体介绍如何在采购中有效地控制成本，为企业提供参考。

7.1 购买成本：采购中的低损耗

案例思考：

××大型超市的采购习惯是在同一个供应商处采购不同种类的物品，且一次性采购的数量很多。试想××大型超市保持这一采购习惯的好处是什么？

在采购的实施过程中，如何有效地降低采购成本，为企业带来高效益，这是所有采购人员必须掌握的采购技能之一。具体来说，采购人员可以从影响成本的因素着手，采取适当的方法来实现低成本采购目标。本节为大家详细介绍影响采购成本的因素和降低采购成本的方法。

7.1.1 影响采购成本的因素

就企业内部而言，采购的实施涉及不同部门的需求与协作；就企业外部而言，采购环节涉及与供应商的交流和沟通、自然环境的影响等。采购成本与采购活动息息相关。下面对影响采购成本的因素进行详细介绍。

1. 与不同部门的协作

采购业务的实施需要生产部门、销售部门、仓储部门和财务部门等不同部门的协作，而与这些部门的沟通交流会影响采购成本的控制，具体说明如图 7-1 所示。

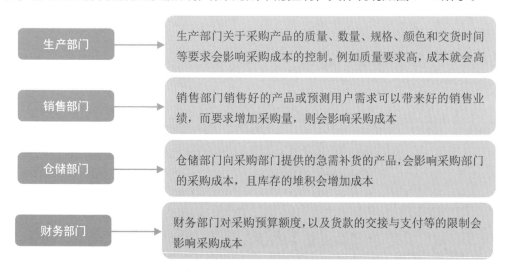

图 7-1 与不同部门的协作对采购成本的影响

2. 采购的批量与批次

采购的批量是指一次性采购的数量，而批次是指采购的次数。一般而言，小批量或小批次的采购主要根据公司对产品的质量与规格等的要求来确定其成本的高低；大批量或大批次的采购可以与供应商议价，争取优惠价格，尽量实现低成本采购。

3. 与供应商的交接

与供应商的交接会影响采购成本，具体表现在供应商的交货期、交货地点与付款期3个方面，详细说明如图7-2所示。

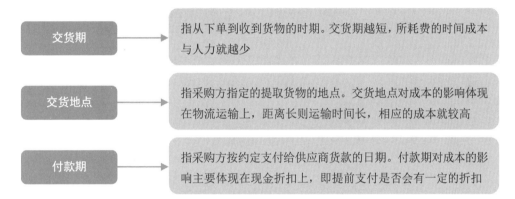

图7-2 与供应商的交接影响采购成本的表现

对于付款期，现金折扣并非每个供应商企业都会采用，一般视实际情况而定。若取得现金折扣，就可以在一定程度上降低采购成本。一般而言，现金折扣的优惠情况如图7-3所示。

信用条件	含义	备注
2/10	自发票日期起，10 天内付款，将给予总价款的 2% 折扣	现金的折扣是卖方（供应商）为鼓励买方（采购方）早日付款而给予的折扣，折扣的标准按照一定的信用条件而定
1/20	自发票日期起，20 天内付款，将给予总价款的 1% 折扣	
n/30	自发票日期起，全部账单价款在 30 天之内付清，将无折扣	

图7-3 现金折扣的一般优惠情况

4. 与供应商的谈判

与供应商谈判时，影响采购成功的因素主要体现在供应商的产品报价、采购方对价格的谈判两个方面，具体说明如下。

（1）供应商的产品报价。供应商的产品报价是指供应商对原材料或货物的标价。一般而言，在其他因素不变的情况下，其报价低则采购的成本就低；反之，则成本高。

（2）采购方对价格的谈判。采购方对价格的谈判即采购方的议价，采购方结合采购预算总额通过降低成本来对供应商的产品报价进行议价。议价的成功与否影响着成本的高低，而采购人员要想取得议价的成功，就需要对采购价格进行分析。采购价格与成本产生差异的原因，如图7-4所示。

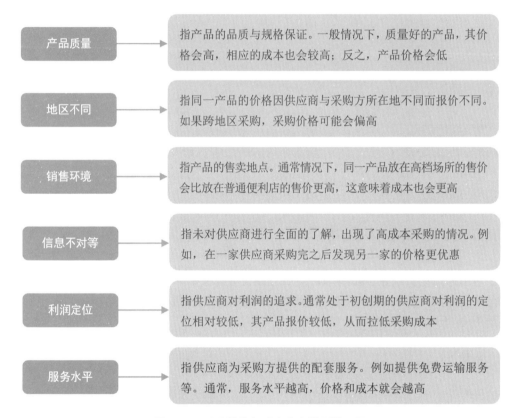

图7-4　采购价格与成本产生差异的原因

除了上述原因，采购人员还需要考虑企业自身的运营成本、劳务成本等，综合多方面因素考虑价格与成本产生的差异，并发挥自己的谈判能力，争取为企业取得较低的采购成本。

5. 自然环境的影响

自然环境对采购成本的影响主要体现在容易受季节变化影响的产品。例如霜冻天气影响茶叶的品质与产量，茶叶的减产导致供不应求，进而抬高产品的价格。又如运输事故导致货物的损失等也会增加采购的成本。

专家提醒

　　自然环境对采购成本的影响具有不确定性，为应对这类影响，采购人员一般会提前制定应急方案，尽量规避这类风险，从而为企业减少不必要的损失。

　　针对其他影响因素，例如与不同部门的协作，就需要采购人员及时与相关部门取得联系，做好沟通，以实现低成本采购的目标。

7.1.2　降低采购成本的方法

　　为降低采购成本，采购人员需要适当地掌握一些方法。例如从企业内部的角度出发，运用目标成功法通过分析市场价来控制成本等；从供应商的角度出发，找出供应商的报价依据等。下面将从这两个层面具体介绍降低采购成本的方法。

1. 从企业内部的角度出发

　　从企业内部的角度出发，可以采取以下 5 种方法降低采购成本。

　　(1) 根据前面章节提到的 ABC 分类法，查看需要采购的产品的数量、批次、规格、重要性等信息，以此来制定好采购预算，进而规划好成本的支出。图 7-5 所示为 ABC 分类法控制成本的图解。

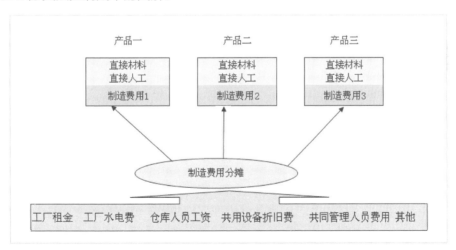

图 7-5　ABC 分类法控制成本的图解

　　(2) 采取目标成本法，即从产品的市场价格、历史采购的数据等方面着手，分析采购成本，提前制定成本目标，然后再结合目标做实际采购的成本评估。这种方法主要通过计划好的采购预算来控制成本，具体实施有以下 4 个环节，如图 7-6 所示。

图 7-6　目标成本法的实施环节

（3）集权采购控制成本，是指由企业总部的采购中心先集中采购货物，再分配给分公司或部门，以此降低采购的时间和沟通成本。这类方法在具体实施中，有以下 3 种应用模式，如图 7-7 所示。

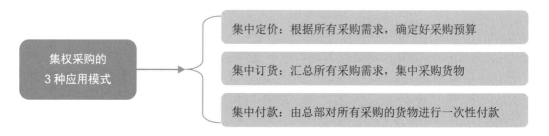

图 7-7　集权采购的 3 种应用模式

 专家提醒

　　采取集权采购控制成本的方法，可以有效地降低成本。例如，沃尔玛在中国境内采用的就是这种采购方式，由企业总部进行商品定价、商品采购及谈判工作等，再将决策结果通知给企业的各个分部，这在很大程度上降低了采购的成本。

（4）采取招标采购的方法可以有效地降低采购成本，具体表现为采购方可以事先提出招标采购的条件和要求，然后从参与招标的供应商中择优选择最佳供应商，以此降低采购成本。采购方进行招标采购时，必须注意以下事项，才能达到降低采购成本的目的，如图 7-8 所示。

（5）按照需求及时采购，可有效地控制采购的数量，从而降低采购的成本。一般而言，按需采购的方式适用于小批量、小批次以及采购频率低的产品采购。

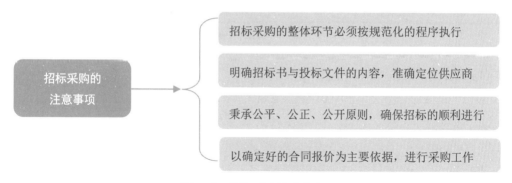

图 7-8　招标采购的注意事项

2. 从供应商的角度出发

从供应商的角度出发降低采购成本，主要体现在供应商的报价上。具体来说，采购人员通过找出供应商的报价依据、估算供应商的成本、判断供应商报价的准确性等来降低采购的成本。

采购人员找出供应商的报价依据，通常可从以下几个方面入手，详细说明如图 7-9 所示。

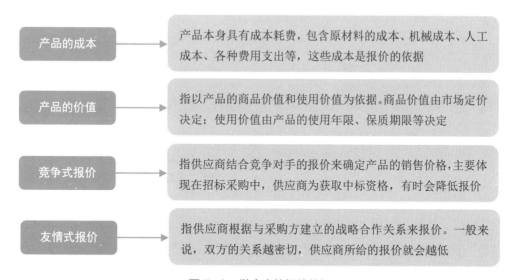

图 7-9　供应商的报价依据

若具备条件，采购人员还可根据供应商填写的物品报价核算表(模板见图 7-10)来分析供应商报价。

采购人员在估算供应商的成本时，可以结合其成本来对供应商的报价进行议价，从而以低成本完成采购。具体而言，采购人员对供应商成本的估算可以按照以下步骤进行，如图 7-11 所示。

供应商物品报价核算表

供应商:					联系电话:				
物品编码			尺寸规格				预计 2023 年采购量		
物品描述			员工人数				管理人员:		
报价适用时段			固定资产净值				8 小时单班产能		

供应商填写项目							本公司填写项目	
原材料名称		牌号或规格	单价	单耗/g	报价(含税)	备注	供应链	成本中心
小计:								
边角科的处理方式		回炉再熔，铝灰不能用						
加工工序		班产量(8 小时)	人工数	直接工资	设备型号	设备功率	设备价值	供应链	成本中心
费用		费用报价	计算方式				供应链	成本中心
制造费用	水电费							
	设备折旧							
	模具摊销							
	其他							
管理费用								
财务费用								
包装费用								
运输费用								
小计:								

供应商物品报价核算表

供应商填写项目汇总			本公司填写项目汇总			
				供应链管理部		成本中心
项目	转化率	金额	项目	比率	金额	比率金额
材料成本			材料成本			
直接工资			直接工资			
费用			费用			
利润			利润			
税金			税金			
价格总计(含税)			核定价格总计(含税)			
填表人/日期/公章			供应链管理部/日期		成本管理中心/日期	

图 7-10 供应商物品报价核算表模板

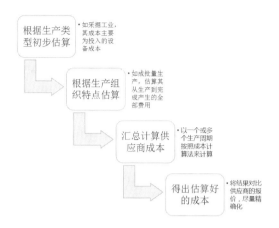

图 7-11 估算供应商成本的流程

采购人员通过判断供应商报价的准确性来做好与供应商谈判的准备，从而实现低成本的采购。采购人员在判断供应商的报价时，可通过比较分析法和标准分析法来分析供应商的报价。有关这两种分析方法，具体说明如图 7-12 所示。

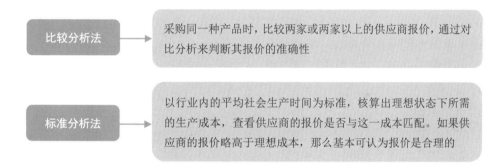

图 7-12 判断供应商报价准确性的分析方法

下面以低成本采购的美国本田公司为例，分析其降低采购成本的成功经验，为大家降低成本提供策略参考。

在美国设立的本田分公司十分重视采购成本，为降低采购成本，公司的高级采购经理约翰·米勒(John Miller)创造了成本模型。该模型的操作步骤如下。

(1) 确定总成本。总成本根据产品的价格扣除利润得出。

(2) 将总成本分解为各个零部件，例如汽车轮胎、底盘、引擎等的成本。

(3) 结合不同地区的市场情况设置采购各个零件的目标，包括所花费的采购预算。

在确定总成本时，不仅要关注采购的原材料质量，而且还要匹配客户的需求，最大程度地实现采购"物尽其用"以及"最优成本"的目的。美国本田公司的低成本采购模式的优势，如图 7-13 所示。

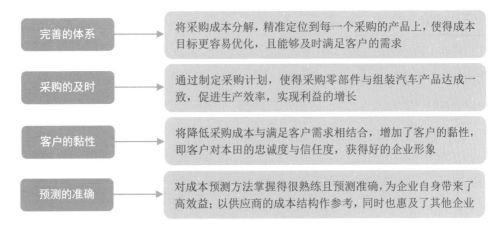

完善的体系	将采购成本分解，精准定位到每一个采购的产品上，使得成本目标更容易优化，且能够及时满足客户的需求
采购的及时	通过制定采购计划，使得采购零部件与组装汽车产品达成一致，促进生产效率，实现利益的增长
客户的黏性	将降低采购成本与满足客户需求相结合，增加了客户的黏性，即客户对本田的忠诚度与信任度，获得好的企业形象
预测的准确	对成本预测方法掌握得很熟练且预测准确，为企业自身带来了高效益；以供应商的成本结构作参考，同时也惠及了其他企业

图7-13　低成本采购模式的优势

7.2　存货成本：收货后的少库存

案例思考：

在距离夏天还有三个月的时候，开服装店的夏某就开始了夏装进货的筹备。通过对市场的调研和以往的销售经验，她制定了详细的、包括进货数量和价格等信息在内的计划。但在与供应商沟通时，供应商说买的多优惠多，于是她被说服买了超出计划一半数量的服装，结果夏天过完了，还剩一大半的服装只能低价处理。由此可以看出，控制库存也是降低成本的一部分。

采购人员若要增加企业的利润，除了降低采购的成本外，还要控制好库存成本。库存成本是采购在收货环节之后发生的费用支出，采购人员对库存成本的控制可以从了解库存成本的构成开始，然后再计算库存成本，最后采取措施减少库存成本。本节主要针对如何控制库存成本进行详细介绍。

7.2.1　确定库存成本

库存成本，是指采购的货物在存储和管理中所产生的费用，主要包括库存持有成本、库存获得成本和库存缺货成本3种。下面将对这3种库存成本进行具体说明。

1. 库存持有成本

库存持有成本指的是对企业现有的库存进行保管所产生的费用，其中转移库存的物流成本支出占大部分。对库存持有成本进行细分，又可分为以下4种，具体说明如图7-14所示。

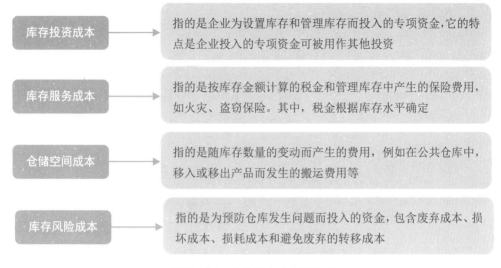

图 7-14　库存持有成本的构成

专家提醒

　　库存持有成本是企业库存成本中不可避免的投入。一般而言，库存持有成本会受库存周转率、库存投资的机会成本率、仓库的类型、库存水平的变动情况等因素的影响。为帮助企业获取更大的利益，采购人员可以与仓管人员协作提高库存周转率，以降低库存持有成本。

2. 库存获得成本

　　库存获得成本，是指企业为取得库存而产生的费用支出。一般而言，库存获得成本发生于以下两种情形，具体说明如下。

　　(1) 在企业自身的生产中，为准备生产而发生的库存获得成本。例如，企业生产某种产品需变更生产线而由此产生的费用。

　　(2) 向供应商采购物品、原材料或零件时，为采购而发生的库存获得成本。这种情形下所发生的库存获得成本，主要是与供应商进行联系时所产生的费用支出，具体构成如图 7-15 所示。

图 7-15　采购中取得库存获得成本的构成

3. 库存缺货成本

库存缺货成本是指因库存供应的中断而产生的费用，包含延期交货、失去销售机会(即失销)和失去客户的成本，具体说明如图 7-16 所示。

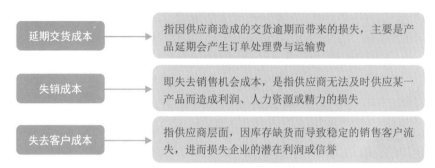

图 7-16　库存缺货成本的构成

7.2.2　统计库存成本

统计库存成本，是对企业的各项库存成本进行计算并汇总。具体而言，统计库存成本有先入先出法、后入先出法、个别计价法、移动加权平均法 4 种计算方法，详细介绍如下。

1. 先入先出法

先入先出法是指在存货的"先入先出"原则下，按照首先进入库存的货物单价来计算发出货物成本的计算方法。这种方法一般适用于先入库必须先发出的存货，例如生鲜产品。图 7-17 所示是先入先出法计算库存成本的示例。

先入先出法		D 商品购销明细账						金额单位：元		
日期		摘要	收入			发出			结存		
月	日		数量	单价	金额	数量	单价	金额	数量	单价	金额
5	1	期初余额							150	10	1500
	5	购入	100	12	1200				150 100	10 12	1500 1200
	11	销售				150 50	10 12	150 600	50	12	600
	16	购入	200	14	2800				50 200	12 14	600 2800
	20	销售				50 50	12 14	600 700	150	14	2100
	23	购入	100	15	1500				150 100	14 15	2100 1500
	27	销售				100	14	1400	50 100	14 15	700 1500
	30	本期合计	400		5500	400		4800	50 100	14 15	700 1500

图 7-17　先入先出法计算库存成本的示例

2. 后入先出法

后入先出法是指假定"后入库先发出"的原则，按照后入库的货物单价来计算发出货物成本的计算方法。它适用于玻璃制造业、炼油业等采购量多于销售量的企业。有关后入先出法计算库存成本的运用举例说明如下。

某企业在 6 月 1 日统计存货中显示：5 月 20 日购入货物 200 千克，单价为 50 元；5 月 30 日购入货物 100 千克，单价为 40 元；6 月 10 日发出货物 150 千克。按照后入先出法计算发出货物成本如下。

发出货物为 150 千克，其中 100 千克按照 5 月 30 日购入货物的单价计算成本为 100×40=4000 元，其余的 50 千克按照 5 月 20 日购入货物的单价计算成本为 50×50=2500 元，则发出货物的总成本为 4000＋2500=6500 元。

3. 个别计价法

个别计价法是指对每一批购入与发出货物的成本加以认定的一种计算方法，这种方法适用于某一特定产品属于哪一批次购入有明确指向的库存成本计算。其计算公式是：每批货物的销售成本=每批货物的销售数量×该批货物的实际采购单价。图 7-18 所示是个别计价法计算库存成本的示例。

个别计价法		D 商品购销明细账						金额单位：元		
日期		摘要	收入			发出			结存		
月	日		数量	单价	金额	数量	单价	金额	数量	单价	金额
5	1	期初余额							150	10	1500
	5	购入	100	12	1200				150	10	1500
									100	12	1200
	11	销售				100	10	1000	50	10	500
						100	12	1200			
	16	购入	200	14	2800				50	10	500
									200	14	2800
	20	销售				100	14	1400	50	10	500
									100	14	1400
	23	购入	100	15	1500				50	10	500
									100	14	1400
									100	15	1500
	27	销售				50	10	500	100	14	1400
						50	15	750	50	15	750
	30	本期合计	400		5500	400		4850	100	14	1400
									50	15	750

图 7-18 个别计价法计算库存成本的示例

4. 移动加权平均法

移动加权平均法，是指以每次购入商品的数量和原有库存的数量为权数，计算货物平均单位成本的一种方法。这种方法的特点在于每购入一批货物需要重新计算一次加权平均单价，以此作为发出货物的单位成本。

移动加权平均单价的计算公式是：移动加权平均单价=(本次购入前结存商品金额＋本次购入商品金额)/(本次购入前结存数量＋本次购入商品数量)。本批次发出库存成本=本批次发出存货数量×存货当前移动平均单价。

使用这类方法计算库存成本适用于货物品种较少或单位价格相差较大的库存货物。图 7-19 所示是移动加权平均法计算库存成本的示例。

移动加权平均法		D 商品购销明细账						金额单位：元		
日期		摘要	收入			发出			结存		
月	日		数量	单价	金额	数量	单价	金额	数量	单价	金额
5	1	期初余额							150	10.000	1500.0
	5	购入	100	12	1200				250	10.800	2700.0
	11	销售				200	10.800	2160.0	50	10.800	540.0
	16	购入	200	14	2800				250	13.360	3340.0
	20	销售				100	13.360	1336.0	150	13.360	2004.0
	23	购入	100	15	1500				250	14.016	3540.0
	27	销售				100	14.016	1401.6	150	14.016	2102.4
	30	本期合计	400		5500	400		4800.0	150	14.016	2102.4

图 7-19　移动加权平均法计算库存成本的示例

7.2.3　少库存的措施

库存成本是降低采购成本、增加企业效益的重要组成部分，因此采购人员必须与仓管人员协作，合理地控制库存成本。具体来说，控制库存成本可以在确定库存、减少库存以及合理补货等方面采取措施。下面详细介绍这些措施。

1. 确定库存

确定库存，即对库存进行管理，这是合理控制库存成本的首要任务。常用的确定库存的方式有以下两种，如图 7-20 所示。

2. 减少库存

减少库存，指的是减少不可用的库存。例如，减少不能够满足生产的需要或是无法再发挥作用的库存。具体来说，减少库存可以通过以下 3 种方式来实现，如图 7-21 所示。

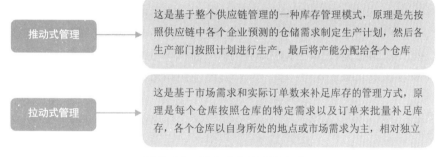

图 7-20　确定库存的两种方式

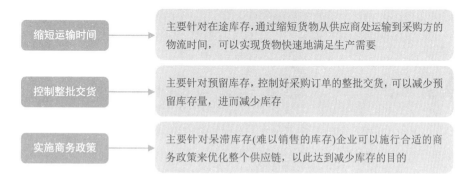

图 7-21　减少库存的方式

图 7-22 所示是呆滞库存成品的处理规定与流程(部分内容)示例。

呆滞库存成品的处理规定及流程

第一章　总则

1. 目的

为减少本公司库存成品积压，规范呆滞成品处理过程，建立合理有效呆滞库存成品评审管理机制，促进呆滞库存成品的处理力度，调配呆滞库存成品所产生的资金占用、浪费，特制定本管理规定与流程。

2. 适用范围

本规定适用于公司物控中心成品仓库呆滞库存成品的控制与处理全过程。

3. 呆滞品定义

3.1 呆滞库存成品定义

成品仓库库存成品存放超出公司规定存放周期的即为呆滞库存成品。

3.1.1 产品分类表

序号	成品类别	存放周期	判定	备注
1	马氏体	≥6个月	呆滞	
2	奥氏体	≥12个月	呆滞	
3	焊丝	≥3个月	呆滞	

3.2 本公司对呆滞库存成品的判定及处理方式

①改制 ②降价 ③待用 ④报废 ⑤其他

第二章　职责

4.1 物控中心

(a) 负责《呆滞库存成品汇总分析报表》的编制及申报。

(b) 呆滞库存成品的仓储管理及发外相关业务操作。

(c) 组织召开呆滞成品处理会，讨论解决仓库呆滞成品问题。

4.2 质量部

(a) 负责呆滞原因、责任部门的认定工作。

(b) 负责对呆滞库存成品的品质分类，定义为：

①可用待改制品、②可用待用品、③可用降价品、④报废品等。

第 1 页 共 9 页

图 7-22　呆滞库存成品的处理规定与流程(部分内容)示例

3. 合理补货

当企业面临库存缺货时，有序、合理地补货也是一种控制库存成本的方法。通常，企业在补货时主要会面临什么时候补货，以及补货多少的问题。要想解决这两个问题，企业可以采取以下 3 种补货方法，具体说明如图 7-23 所示。

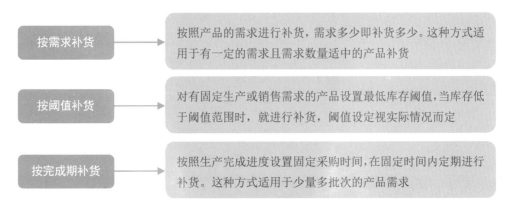

图 7-23　合理补货的方法

7.3　成本管理：实现企业利润化

案例思考：

××集团是一家大型的采购公司，拥有很多子公司，虽然有很多共同需求，但需求发生的时间段不同，因此集团内部通常都是各自采购的。这种方式引发了集团内部争夺供应商资源的情况，导致集团的整体采购成本极大地亏损。当集团意识到这一问题时，立马成立了采购监控中心，对采购成本进行了管理，一年后该集团的采购成本才有所节省。对此，你怎么看？

为降低采购的成本，实现企业高利润，还可以掌握一些分析方法对成本进行全面管理，例如 VA、VE 成本分析法、采购价格分析法、全面管理产品的成本等方法。本节将对这些内容进行详细介绍，帮助大家更全面地控制成本。

7.3.1　VA、VE 成本分析法

VA、VE 分别是 Value Analysis、Value Engineering 的缩写，中文意思分别为价值分析、价值工程，是一种降低企业成本的分析方法。

VA 的原理是在产品的制造阶段进行产品的价值分析，以追求成本最小化和价值最大化为目标；VE 的原理是更关注功能性需求，在产品的设计阶段进行价值工程分

析，追求在产品最低生命周期的基础上削减不必要的成本。VA、VE 成本分析法在采购中的运用有 3 个要素，具体如图 7-24 所示。

为确保 VA、VE 成本分析法对产品的全方位改善，在实施过程中需要按照一定的步骤进行，具体说明如下。

(1) 选择分析对象。从采购的数量、产品的价值、企业形象等方面进行选择。

(2) 分析目标产品。确定目标产品之后，从产品的价值或功能入手进行分析，借助 VE 对产品的设计以及 VA 对产品的生产制造环节进行功能研究，通过消除、减少、变更来实现降低成本。

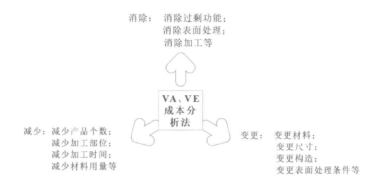

图 7-24　VA、VE 成本分析法的要素

(3) 收集相关资料。在分析产品的过程中，尽量收集多方面的资料，例如采购产品运用的制造方法、单位产品、发展状况等，方便及时发现问题并整改。

(4) 采取整改措施。针对分析得出的存在问题采取整改措施。一般来说，整改措施主要围绕以下 3 个方面进行，如图 7-25 所示。

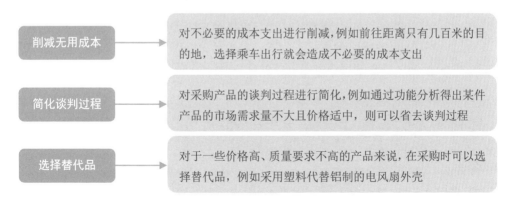

图 7-25　VA、VE 成本分析法的整改措施

7.3.2 采购价格分析法

对采购价格进行分析,是一种有效管理采购成本、达到成本最小化的途径。具体来说,采购人员可以使用历史数据法、目标价格法、横向比较法、应用经验法等 6 种方法来分析采购的价格。下面具体介绍采购价格分析法。

1. 历史数据法

历史数据法是指采购人员参考过去的实际采购价格来评估当前供应商报价合理性的一种价格分析方法。采用这类方法的操作步骤说明如下。

(1) 建立企业的采购数据档案库,专门记录各类产品的数量、规格以及实际采购价格等信息。图 7-26 所示为采购数据库的部分内容示例。

图 7-26　采购数据库的部分内容示例

(2) 分析历史数据的变化趋势,主要查看产品的价格变化。

(3) 对这些数据进行同比或环比分析,具体为比较同一年度内不同月份的同期历史数据(即环比)或比较相同月份的不同年份历史数据(即同比)。

2. 目标价格法

目标价格法是指采购人员结合采购产品的市场定价与企业利润来设置目标产品单价的一种价格分析方法。其计算公式为:目标产品单价=目标售价－目标利润－其他费用支出。

3. 横向比较法

横向比较法是指企业选出与采购产品相似的产品,通过横向比较各项参数后确定合理的采购价格的价格分析方法。横向比较法具有以下 3 个特点,详细说明如

图 7-27 所示。

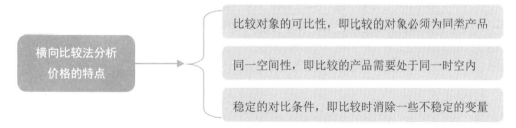

图 7-27　横向比较法分析价格的特点

采取这种方式分析产品的价格时，消除不稳定的变量，可以从影响采购成本的因素入手，例如采购数量、产品质量、交货方式等。横向比较法主要适用于新产品的开发，对于原材料的采购，例如某服装品牌设计开发出一种新型服装材料，在进行采购时采用横向比较法对比同类产品的价格。

4. 应用经验法

应用经验法，即企业借助多年的采购经验来分析产品价格的方法。应用经验法要求采购人员首先熟练掌握产品的结构、制作工艺、制作用材、品质管理等，然后凭借自己的主观判断来预估产品的单价。

5. 货比三家法

货比三家法，是指对同一产品进行多家供应商报价对比的价格分析方法。采用这种方式进行价格对比时，具有以下几个要求，如图 7-28 所示。

图 7-28　货比三家法价格分析的要求

图 7-29 所示为运用货比三家法分析价格的示例。

6. 采购价格标准法

采购价格标准法，是指企业对所有需采购的产品设置一个红线标准价格表，以此判断供应商的报价是否处于标准范围内的一种价格分析法。图 7-30 所示为采购标准价格表示例。

品名	规格等级	计量单位	××超市	××超市	××超市	××市场	××市场
三层肉	新鲜	元/500克	11.98	14.90	11.90	14.0	14.0
排骨	新鲜	元/500克	29.80	26.90	28.80	31.0	34.0
大白菜	新鲜一级	元/500克	0.96	1.08	1.48	2.0	1.5
上海青	新鲜一级	元/500克	1.58	1.58	1.58	2.5	3.0
空心菜	新鲜一级	元/500克	3.98	2.49	2.58	3.0	3.0
白萝卜	新鲜一级	元/500克	9.60	0.78	1.78	2.0	2.0

图7-29　运用货比三家法分析价格的示例

项目	数量	单价/元	总价/元	纳税3%	总税	税后总价/元
魔方	100个	10	1000	30		1030
专业计时器	1套	258	258	8		266
计时显示器	1个	568	568	17		585
教学魔方	6个	35	210	7	81	217
飞碟杯	2套	100	200	6		206
收纳盒	2个	240	240	8		248
运费	155			5		160
合计/元		2631			81	2712

图7-30　采购标准价格表示例

专家提醒

　　红线标准价格表相当于企业的采购预算，是由企业的技术部门、生产部门、采购部门等部门人员联合制定的最高采购预算，需要根据实际情况不断地优化。

7.3.3　全面管理采购成本

　　采购人员在掌握了一些成本分析、价格分析的方法之后，就可以进一步地明确管理采购成本的关键点，以实现采购成本的最优化。这些关键点主要包含控制采购成本的策略和管理成本的绩效考核两个方面。下面详细说明这两方面的要点。

1. 控制采购成本的策略

　　控制采购成本的策略，是指企业为控制采购成本而在整个采购环节采取的一些战略举措，具体有以下几种，如图7-31所示。

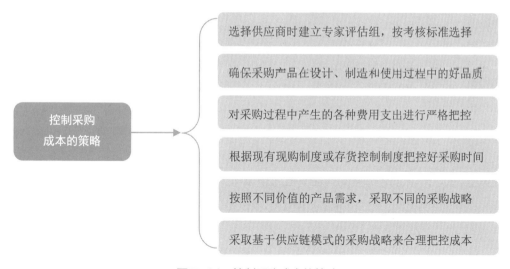

图 7-31　控制采购成本的策略

其中，现用现购制度和存货控制制度是采购时间管理的两种方式。前者按照使用产品日期来倒推采购日期；后者就定量定期采购的产品而言，某一存货达到补货点则为采购日期。结合这两种制度，可以合理地控制采购的时间成本。

专家提醒

采购战略是供应链管理模式下的新型采购方法，主要表现为采购活动依订单来实施，采购方与供应商之间为战略合作伙伴关系。

2. 管理成本的绩效考核

绩效考核是管理成本的有效途径之一，包含对采购成本的绩效考核和对供应商成本的绩效考核两部分。采购方可以设置成本绩效考核评价系数来对这两部分成本进行考核，其评价系数具体说明如下。

成本绩效考核评价系数=(原材料采购成本 + 采购过程成本 + 引起的管理不善成本)÷原材料采购成本

其中，原材料采购成本包含采购原材料的价格、运输费用、保险费用等；采购过程成本包含从采购计划开始到采购产品入库整个采购过程中的人工费用、差旅费；管理不善成本则包括质量、效率、风险、资金等方面的损失。

成本绩效考核评价系数越小，说明越靠近成本的最优化。下面举例说明成本绩效考核评价系数的运用，如表 7-1 所示。

表 7-1　成本绩效考核评价系数的运用

评价指标	供应商 A	供应商 B
原材料单价成本/元	100	105
采购过程成本/元	5	5
引起的管理不善成本/元	20	0
总计/元	125	110
评价系数	1.25	1.047

　　相比较而言，供应商 B 的评价系数更低，采购方若选择供应商 B，那么采购方所耗费的成本就会比较低，能够实现成本的最优化。

第 8 章

商洽业务：
落地的谈判策略

采购谈判涵盖采购活动的全过程，是指采购方与供应商双方就采购业务进行商洽。若采购方想要在谈判中占据主动，就需要适当地掌握一些谈判策略。例如做足谈判准备、熟悉"攻与守"的技巧等。本章主要介绍谈判策略。

8.1 谈判准备：商洽中的"知己知彼"

案例思考：

××工程公司与××设备公司谈判的内容是关于出口工程设备的交易。××设备公司就其报价提出了认真改善价格的建议，但××工程公司坚持报价是合理的，并且作了一番解释。××设备公司又对其条件作了分析，××工程公司又进行了解释。结果一个上午的时间过去了，双方各自认为对方没有诚意，互相埋怨之后不欢而散。试想，在这场谈判中，如果双方都互相有所了解，结果会不会不同？

在正式进入谈判之前，采购人员应做足谈判的准备工作。例如，通过收集大量的资料来明确自己的谈判目标；做好谈判方案以及事项准备；对供应商有所了解等。本节将对这些内容进行详细介绍。

8.1.1 明确目标

"目标是行动的指引"，采购人员在进行谈判准备时，首先要做的就是明确谈判的目标。具体而言，采购人员可以通过收集多方面的信息来明确谈判的目标，例如汇总己方(采购方)的需求、调查产品的市场信息、收集供应商的信息等，为谈判目标的明确提供方向。采购人员在谈判准备中需要收集的信息内容如下。

(1) 汇总采购方的需求。主要包括所需采购的材料名称、规格、数量、价格等信息，为方便统计，这些信息以采购物品明细表的形式呈现，如图8-1所示。

(2) 调查产品的市场信息。主要包括待采购产品的市场供需情况、销售情况、竞争情况以及分销的渠道等信息，具体内容如图8-2所示。

专家提醒

采购方掌握好采购产品的相关市场信息，有助于在谈判中占据主动。例如，了解产品的市场竞争信息，可以清楚地知道同类产品的供应商竞争数目、优势与劣势，进而分析出谈判对手(供应商)的弱点等。

(3) 收集供应商信息。采购方通过了解供应商的信息来确定谈判的目标。例如，通过了解供应商的资信状况来确定谈判的对象是否为该供应商。

(4) 对资料进行整理与分析。采购方在收集完所需资料之后，须对资料进行整理与分析，具体包括查验资料真伪和筛选有效资料两方面工作，详细说明如图8-3所示。

采购物品明细表

序号	材料名称	型号规格/mm	单位	数量	单价	金额/元	备注
1	304ZY 不锈钢双钩	100×50×4	个	2000			
2	304ZY 不锈钢挑挂	100×50×4	个	4000			
3	304ZY 不锈钢双钩	90×50×4	个	1000			
4	304ZY 不锈钢双钩	80×50×4	个	2000			
5	304ZY 不锈钢挑挂	80×50×4	个	4000			
6	304ZY 不锈钢挑挂	70×50×4	个	2000			
7	304ZY 不锈钢双钩	70×50×4	个	500			
8	焊条	3.2×350	件	50			
9	304 不锈钢螺栓	M8×30	套	400000			配两平、一弹、一螺母
10	白云弹性干挂A、B胶	25 kg/组	组	20			每组配 12 支B胶
11	合计					¥:	
工队负责人：日期：		现场施工员：日期：		材料采购部：日期：			项目负责人：日期：

图 8-1　采购物品明细表示例

图 8-2　调查产品市场信息的具体内容

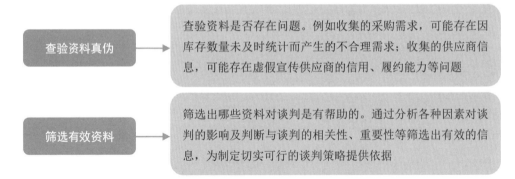

查验资料真伪 → 查验资料是否存在问题。例如收集的采购需求，可能存在因库存数量未及时统计而产生的不合理需求；收集的供应商信息，可能存在虚假宣传供应商的信用、履约能力等问题

筛选有效资料 → 筛选出哪些资料对谈判是有帮助的。通过分析各种因素对谈判的影响及判断与谈判的相关性、重要性等筛选出有效的信息，为制定切实可行的谈判策略提供依据

图 8-3　整理与分析资料的详细说明

总的来说，收集多方面的资料是为了更好地明确谈判的目标。一般而言，谈判目标分为 3 种类型。即预期谈判目标、最低承受谈判目标和最优谈判目标，详细说明如下。

(1) 预期谈判目标。预期谈判目标指结合自己的采购需求以及各方面的资料，分析、预测得出的客观需求。简而言之，预期谈判目标就是按时、按质地完成采购任务，这类目标一般以采购计划为准，按计划提出谈判要求。

(2) 最低承受谈判目标。最低承受谈判目标指谈判的底牌，是采购方预计在谈判中可以作出的最大让步。这类目标常体现在有关采购的价格谈判中，采购方根据制定的采购预算与供应商进行价格协商，如果已经达到最低价格预算，那么在谈判中就没有妥协的余地。

(3) 最优谈判目标。最优谈判目标指在完成预期谈判目标的基础上，还收获了附加的利益。例如，以低于采购预算的价格与供应商取得合作等。

需要注意的是，这 3 种类型的目标共同组成完整的谈判目标，采购人员在进行谈判准备时，必须合理规划这 3 种谈判目标，以便更好地指导谈判的实施。

8.1.2　确定方案

确定方案是指制订谈判计划。通常情况下，制订谈判计划以谈判目标为导向，具体进行以下几项工作，如图 8-4 所示。

在安排谈判的议题时，需要遵循双方自愿且认可的原则，合理地安排议题的先后顺序，以及预留出充足的时间，充分考虑议题时间表的可行性。

在制订谈判计划时，还可以安排参与谈判的人员，而在安排谈判人员时有以下几个步骤，如图 8-5 所示。

图 8-6 所示为某企业的谈判方案(部分内容)示例。

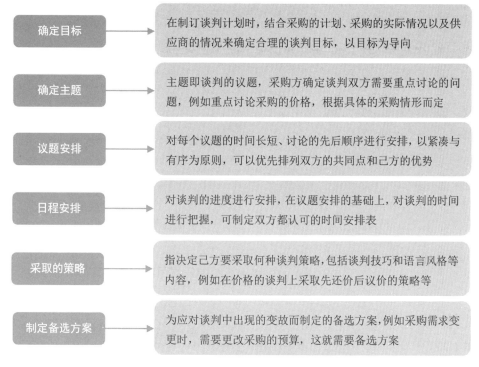

图 8-4　制订谈判计划的具体工作

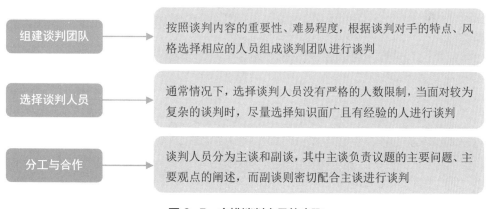

图 8-5　安排谈判人员的步骤

图 8-6　某企业的谈判方案(部分内容)示例

8.1.3　摸清对手

在谈判的准备过程中，除了明确谈判目标、确定谈判方案外，采购人员还应该尽可能地摸清谈判对手的底牌。例如，在讨论价格时，采购人员需要摸清供应商能给出的最低价，从供应商手里拿回价格主动权。

具体来说，采购方可以通过正确地询问与认真地倾听来知晓对手的底牌，详细说明如图 8-7 所示。

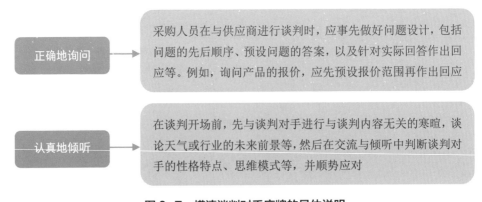

图 8-7　摸清谈判对手底牌的具体说明

专家提醒

　　摸清谈判对手的技巧不一，不同的谈判场合有不同的适用技巧，具体需要采购人员不断地拓宽自己的知识面与提高人际沟通能力，并在采购实践中积攒相对多的经验，从而做好合理的应对。

8.1.4　事项准备

　　采购人员就谈判还需要做好谈判地点的确定、布置，以及谈判流程的知悉等事项准备，以展现对谈判活动的重视与确保谈判的有序进行。下面对这些事项的准备工作进行详细说明。

1. 确定谈判地点

　　一般要求谈判地点为正式性的场合，具体地点可根据情况灵活选择。一般来说，选择谈判地点时会优先考虑采购方或供应商所在地的办公室或会议室等，但总的原则是基于双方认可。

2. 布置谈判现场

　　若选择采购方所在地为谈判现场，那么采购方应适当地对谈判现场进行布置，以示重视。具体来说，可以在以下两个方面稍加注意。

　　(1) 考虑准备 3 个房间作为谈判场所，即主谈间、休息室和备用室，房间中配有接待物品和设备，且通风敞亮。

　　(2) 根据谈判的具体情况，对谈判人员的座位安排进行一些设置，例如双方面对面而坐，以示平等、友好等。

3. 知悉谈判流程

　　通常情况下，谈判会按照一定的流程进行，分为询盘、发盘、还盘、接受和签约 5 个步骤。为顺利达成谈判目标，谈判人员必须熟悉谈判流程，以做好应对。有关谈判流程的具体内容，详细说明如下。

　　(1) 询盘。询盘是指采购方有意购买或供应商有意销售某产品而提出相应的买卖条件。例如，采购中对产品数量、规格等提出要求。根据询盘范围的不同，可分为国内询盘和国外询盘两种。

　　(2) 发盘。发盘是指某采购方愿意与某供应商建立合作关系而提出的合同条件。根据双方有无意愿签订合同，发盘分为实盘和虚盘两种，具体说明如表 8-1 所示。

表 8-1 谈判流程中发盘的两种类型

类型	具体含义	主要特征
实盘	采购方与供应商双方有签订买卖合同、缔结贸易关系的意愿	(1)受合同的约束,双方的承诺具有法律效力; (2)合同对各项交易条件有明确的规定,具体到交易产品的名称、数量、价格等; (3)发盘者(采购方或供应商)无任何保留条件,按照合同的约定就相关内容达成协议; (4)发盘有一定的期限,发盘人必须知悉
虚盘	采购方与供应商没有意愿签订合同,所作出的贸易承诺可以随时撤回或取消	(1)发盘中可以有保留条件,例如在承诺中注意"仅供参考"字样; (2)内容相对模糊,不做确定性的回答和条款的明确规定; (3)对各项交易条件没有必须具备的要求

(3) 还盘。还盘即还价,是指供应商或采购方对发盘条件的整体不同意或部分不同意而提出的修改方案。还盘的前提是作为接受发盘的一方所提出的异议。

(4) 接受。接受是指采购方与供应商就合同条件达成一致。接受的成立需具备 4 个条件,如图 8-8 所示。

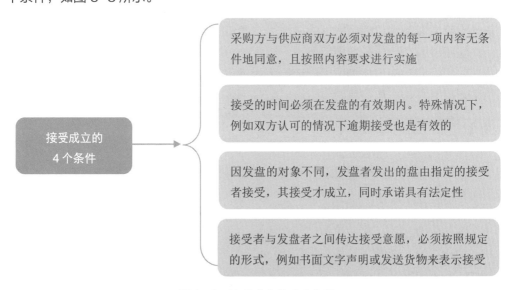

接受成立的 4 个条件

- 采购方与供应商双方必须对发盘的每一项内容无条件地同意,且按照内容要求进行实施

- 接受的时间必须在发盘的有效期内。特殊情况下,例如双方认可的情况下逾期接受也是有效的

- 因发盘的对象不同,发盘者发出的盘由指定的接受者接受,其接受才成立,同时承诺具有法定性

- 接受者与发盘者之间传达接受意愿,必须按照规定的形式,例如书面文字声明或发送货物来表示接受

图 8-8 接受成立的 4 个条件

(5) 签约。签约即正式签订合同,表示采购方与供应商之间的交易承诺以书面文件的形式得以确定,双方享受相应的权利与履行相应的义务。

8.2 谈判布局：商洽中的"攻与守"

案例思考：

法国的一家飞机制造厂商想把制造的飞机销售给日本航空公司，双方对此进行价格谈判。为了成功销售飞机，法国飞机制造厂商进行了充分的准备，在谈判之初，便口若悬河、滔滔不绝地讲解有关飞机的性能，日本航空公司代表只是埋头做笔记，一言不发。法方见状，问到"觉得怎么样"时，日方代表只是微笑着回答"不明白"。法方只好重新再讲解一遍，重复几次之后，日方最终争取到了最低价格。试想，日方代表获胜的秘诀是什么？

采购人员以充足的准备进入谈判中，要注意坚守自己的谈判目标，尽力争取到对企业有利的条件，即注意商洽中的"攻与守"。要做到"攻与守"，采购人员可以掌握"造势与借势""议价与压价"的谈判技巧，以及谈判礼仪。本节将具体介绍谈判技巧与礼仪，以帮助采购人员在谈判中占据有利地位。

8.2.1 造势与借势

所谓"造势与借势"，是指以采购方为出发点，在谈判过程中要善于运用自己的优势和借助供应商的优势来形成自己的主动地位。其中，"造势与借势"分别对应着运用优势与借助对手的优势。

"造势与借势"运用于谈判过程中的 3 种情形，在不同的情形下可以采取不同的策略，具体说明如下。

1. 处于谈判优势

当采购方处于谈判优势时，可以把握谈判节奏，逐步向谈判对手施压。例如，采用强势施压的方式，表明自己有很多备选供应商；表示需求不再强烈，从而给供应商施加压力，具体说明如表 8-2 所示。

2. 处于谈判劣势

当采购方处于谈判劣势时，要善于掌握沟通技巧以借助供应商的优势。具体而言，可以掌握以下几种沟通技巧，如图 8-9 所示。

在采购方处于谈判劣势的情形下，还有可能因为客户(采购方的客户)指定了某个供应商、采购量较小难以实现批量生产、产品被垄断等原因，而出现必须与强势的供应商进行谈判的情况。那么，在遇到这些情况时，采购方该如何"借势"呢？

表 8-2　谈判优势下的施压策略

施压策略	具体实施
强势施压	采用这些话语："去年都是以……价格买的，今年算是破例了。" "产品的个头不错，就是存在一些……小问题。" "要不是看你家产品质量还不错……" "我们在选择产品的时候，可选择的厂家非常多，要不是……"
善用第三方	采用这些话语："目前我们在对比贵公司和××公司的产品质量与性能……" "本来公司今年引进了……设备，不打算再购进这批货了"
下最后通牒	采用这些话语："就××元，没有商量的余地了。" "我们预定的价格是××元，现在真的不能再加了。" "这个价位不行的话，我们今晚就打算收拾东西回去了。"
情绪施压	提高音量、愤然离去、保持沉默等情绪都可以作为施压的方法

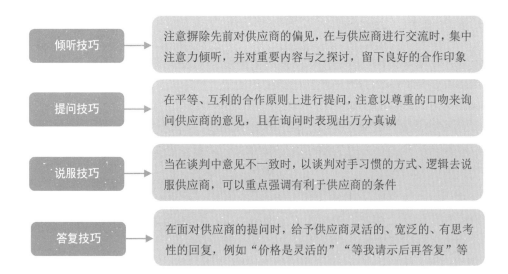

图 8-9　谈判过程中的沟通技巧

具体而言，采购方可以通过分析导致供应商强势的原因而采取不同的措施，详细说明如表 8-3 所示。

在面对强势的供应商时，采购方即便不占据优势，也应坚守自己的谈判原则，以足够的诚意与充分的沟通来实现双方的合作。

表 8-3　应对强势供应商的措施

情形	原因	应对措施
客户(采购方的客户)指定某个供应商	(1)从供应商的角度： 客户指定供应商，增加了供应商的谈判底气； 供应商在供应产品的能力、质量方面具有优势。 (2)从采购方的角度： 与供应商就各方面问题的沟通不到位； 对供应商的管理相对较弱，没有管理权； 采购方本身没有使供应商信服，双方没有建立平等的关系	(1)与客户就采购的各个方面的信息达成一致，且取得代表客户与供应商沟通的权利； (2)加强对供应商的日常关系管理，在谈判期间，采购方可从客户处获取权利，例如要求供应商提供质检报告等； (3)采购方与供应商就采购的相关问题及时做好沟通； (4)在谈判时，可以适当地让步，例如延长交货时间、缩短结算时间等； (5)表现出足够的合作诚意来获取供应商的信任
采购量小而难以批量生产	(1)采购方出现的是临时采购需求，这才导致采购量小； (2)企业处于产品的研发阶段，对产品的需求量不大	(1)对于临时采购需求，应迅速与供应商确定采购方案； (2)向供应商表明合作的意愿以及后续有长期采购的打算
产品被垄断	(1)供应商具有绝对的产品优势，例如产品质量优质等； (2)供应商具有技术优势，形成技术壁垒(符合标准的技术关卡)； (3)供应商有管理、品牌、生产效率等方面的优势	(1)采购方与供应商提出合作共赢模式； (2)双方信息互通，建立起相互信任的关系

3. 双方势均力敌

当采购方与供应商处于势均力敌的情形时，容易遇到谈判僵局，采购方可以适当地掌握一些策略来应对这种局面，具体说明如图 8-10 所示。

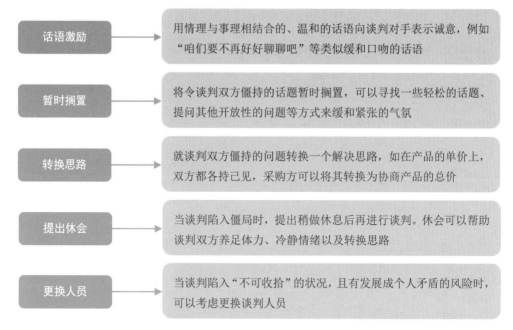

话语激励	用情理与事理相结合的、温和的话语向谈判对手表示诚意，例如"咱们要不再好好聊聊吧"等类似缓和口吻的话语
暂时搁置	将令谈判双方僵持的话题暂时搁置，可以寻找一些轻松的话题、提问其他开放性的问题等方式来缓和紧张的气氛
转换思路	就谈判双方僵持的问题转换一个解决思路，如在产品的单价上，双方都各持己见，采购方可以将其转换为协商产品的总价
提出休会	当谈判陷入僵局时，提出稍做休息后再进行谈判。休会可以帮助谈判双方养足体力、冷静情绪以及转换思路
更换人员	当谈判陷入"不可收拾"的状况，且有发展成个人矛盾的风险时，可以考虑更换谈判人员

图 8-10　打破谈判僵局的策略

8.2.2　议价与压价

在采购谈判中，有关产品的价格谈判是较常规的，且涉及谈判双方的主要利益，也是极重要的。就采购方而言，在价格方面如何在谈判中维护自己的利益呢？具体来说，要掌握好价格谈判的议价与压价技巧。下面对这两方面内容进行详细介绍。

1. 议价

议价是指采购方对供应商的报价不太满意而提出降低价格的要求，其适用于通货膨胀、物价上涨等市场经济状况。议价的技巧有直接议价和间接议价两种。

直接议价的方法有以下 3 种，如图 8-11 所示。

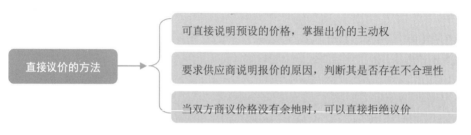

直接议价的方法	可直接说明预设的价格，掌握出价的主动权
	要求供应商说明报价的原因，判断其是否存在不合理性
	当双方商议价格没有余地时，可以直接拒绝议价

图 8-11　直接议价的方法

　　间接议价可以针对价格本身进行议价，也可以针对价格之外的因素进行议价。具体说明如下。

　　(1) 针对价格本身。采购方在议价时，可以通过让供应商明确自己的为难之处的方法，来表示降低价格的要求。

　　(2) 针对价格之外的因素。当采购产品的价格没有降价的余地时，可以主动要求在其他方面进行补偿来为企业增加收益。例如，要求供应商提供免费运输服务等。在整个谈判过程中，注意保持尊重、友好的态度来对待供应商，从情理方面获得供应商的好感，从而实现降价的可能。

2. 压价

　　压价是指采购方对自己价格底线的固守，在价格谈判中也是一种降价的体现。压价有还价、砍价、让价 3 个步骤，在各个步骤中分别有不同的技巧，具体说明如下。

　　(1) 还价。还价是指采购方为应对供应商的报价高而提出自己的价格承受范围。还价的技巧如图 8-12 所示。

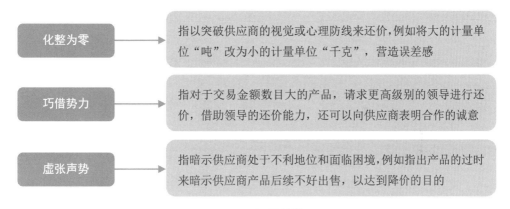

图 8-12　还价的技巧

　　(2) 砍价。砍价是指采购方处于优势地位，或供应商急于出售的情形下，采购方对供应商的报价要求大幅度地降低。采用砍价来压低供应商的价格具有一定的条件，但也可以掌握一些技巧，具体如图 8-13 所示。

　　(3) 让价。让价即价格退让，是指采购方因价格谈判的效力不大或无效而被动地接受价格。采购方即使面临让价的情形，也应保持理性，有序地进行。让价原则如图 8-14 所示。

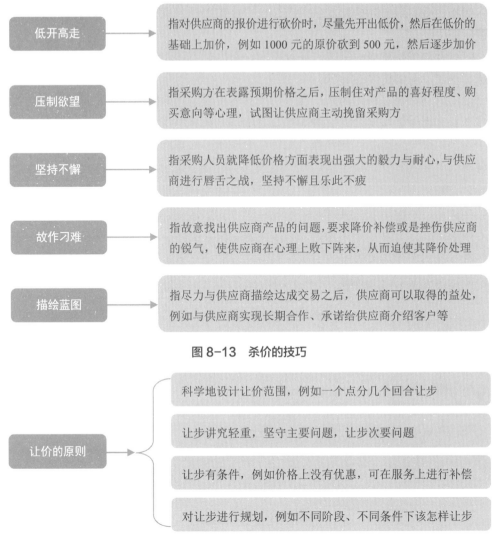

图 8-13 杀价的技巧

图 8-14 让价的原则

8.2.3 礼仪与友谊

在礼仪之邦，进行任何一项行为或活动都应讲究礼仪，谈判也不例外。在整个谈判过程中，都应弥漫着谈判的礼仪，以帮助谈判双方建立平等合作的关系。在谈判场合需要谈判人员掌握的礼仪如表 8-4 所示。

表8-4 谈判场合需要掌握的礼仪

不同方面	具体礼仪
谈判人员的着装	着装影响谈判人员的精神面貌，体现对谈判活动的重视程度。谈判人员可以考虑穿西装，整体呈现出典雅、大方的风貌
谈判人员的仪容	(1)在仪容方面，谈判人员给人干净的感觉； (2)在妆发上，谈判人员可适当化淡妆，束发露脸，给人舒适的感觉
谈判人员的仪态	(1)在坐姿、站姿和行走方面，保持得体、大方的感觉； (2)表情管理得当
谈判人员的称谓	主要体现在谈判开始前的相互介绍环节，可以按照座位的远近，优先将职位低的、年纪小的介绍给职位高的、年纪大的，将男士介绍给女士，将一般人员介绍给重要人员等
谈判人员的谈吐	谈判双方的交往不宜过于亲密或疏远，在谈吐上应保持适中，采用比较客气但友好的语言
谈判中的握手	(1)握手的力度适中，且时间短； (2)握手时，目光注视着对方； (3)握手的顺序为上级先伸手、下级后伸手，女士先伸手、男士后伸手，以示尊重； (4)男士与女士握手时，必须摘下手套
谈判中传递名片	(1)尽量起身站立递交名片，并用双手或右手递交，切勿用左手； (2)接受名片时，必须起身站立，面带微笑，目视对方并道谢
谈判中的签字	(1)由谈判双方的助签人协助主签人翻开合同，并指明签字处； (2)签字时，首先签署自己保留的合同，由助签人传递合同后，再签署对方保留的合同

专家提醒

　　总的来说，谈判人员保持一定的谈判礼仪，主要遵循互相尊重、平等互利、真诚示人、适度得体、按时守约、以客为主和女士优先的原则。以这些原则进行自我约束与规范，来实现谈判双方的友好合作。有机会的话，也可以建立起谈判双方之间的友谊，使双方成为生活中的好友。

　　在具体的谈判活动中，谈判人员除了需要遵循一定的礼仪外，还必须加强自律，严格规范自己，预防出现以下禁忌，详细说明如图8-15所示。

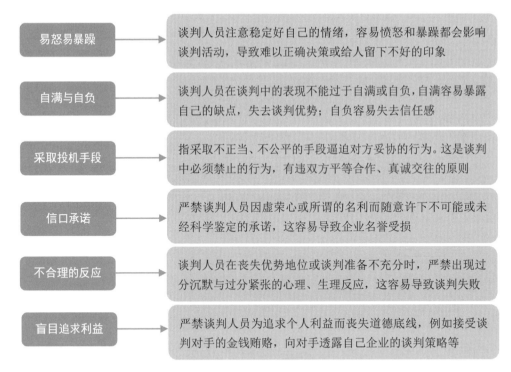

易怒易暴躁	谈判人员注意稳定好自己的情绪,容易愤怒和暴躁都会影响谈判活动,导致难以正确决策或给人留下不好的印象
自满与自负	谈判人员在谈判中的表现不能过于自满或自负,自满容易暴露自己的缺点,失去谈判优势;自负容易失去信任感
采取投机手段	指采取不正当、不公平的手段逼迫对方妥协的行为。这是谈判中必须禁止的行为,有违双方平等合作、真诚交往的原则
信口承诺	严禁谈判人员因虚荣心或所谓的名利而随意许下不可能或未经科学鉴定的承诺,这容易导致企业名誉受损
不合理的反应	谈判人员在丧失优势地位或谈判准备不充分时,严禁出现过分沉默与过分紧张的心理、生理反应,这容易导致谈判失败
盲目追求利益	严禁谈判人员为追求个人利益而丧失道德底线,例如接受谈判对手的金钱贿赂,向对手透露自己企业的谈判策略等

图 8-15 采购谈判的禁忌

8.3 谈判收尾:商洽结束后的注意事项

案例思考:

××原创家居公司在与××木材厂协商合作时,于谈判桌上确定好的付款方式是货到付款,然而双方在正式签订合同时,××木材厂表示处理木材需耗费大量的人力,需要××原创家居公司支付一笔预付款再签订正式的合同。碍于谈判期间的口头承诺无法追究责任,××原创家居公司被迫答应了这项要求,并与其签订了合同。对此,你怎么看?

谈判的收尾,也是谈判工作中很重要的一部分,完美的收尾才能代表谈判的真正成功。而谈判人员想要做到完美地收尾,就需要格外注意一些事项,例如口头约定和持久承诺的认识误区、各项谈判承诺的确认与检查,以及将谈判承诺合法化等。本节将主要呈现这些注意事项,帮助大家完美地结束谈判工作。

8.3.1 口头约定，持久承诺

在谈判过程中，有一种虚盘，是指对采购条件或供应条件的口头约定，可以随时撤销或不履行。因此，采购方在谈判的收尾工作中，要格外注意发生虚盘的情况，明确供应商给予的口头承诺并不意味着持久承诺。

具体来说，采购方应注意这类情况的发生，首先要对谈判的结束进行预判。预判的方式有以下 3 种，如图 8-16 所示。

一般来说，谈判的结束有双方达成协议、中途终止谈判和无法达成协议且关系破裂 3 种结果。就双方达成协议的结果来看，若想在谈判中达成供应商关于采购的产品质量、价格、交货时间等事项的承诺，就需要及时做好谈判记录。

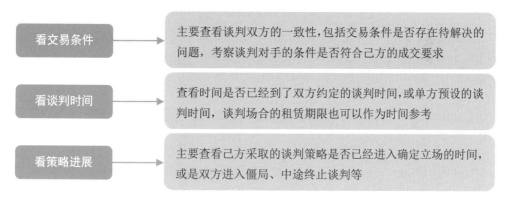

图 8-16 采购方预判谈判结束的方式

谈判人员做好谈判记录的方法如图 8-17 所示。

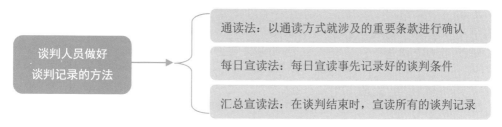

图 8-17 谈判人员做好谈判记录的方法

通过对谈判条件的记录与确认，以及明确解决完的事项和未解决的事项，来拟定合同条款，并由双方签订合同履行承诺。

8.3.2 见好就收，确定承诺

在签订合同之前，见好就收、确定承诺也是谈判工作完美收束的一个环节，主要是要求谈判人员对各项谈判记录进行整理与分析，对达成一致的交易条件进行确认。

谈判人员需要对谈判过程中形成的所有文本进行查验，例如检查谈判记录是否完整，各类文本的句式、格式是否正确，以及合同协议、订货单是否具备法律效力等。图 8-18 所示为供应商谈判记录表模板，图 8-19 所示为产品订货单模板。

在查验无误之后，将协议书等交由谈判双方的负责人签字，再经领导人员审核之后，交由档案处归档备份。图 8-20 所示为食品供货合同协议书范本。

 专家提醒

在谈判结束阶段，注意要给供应商留下好的印象，及时、礼貌地道谢，态度诚恳，从而为建立长期的合作关系奠定基础。

<table>
<tr><td colspan="6" align="center">供应商谈判记录表</td></tr>
<tr><td>谈判时间</td><td></td><td colspan="2">谈判时长</td><td colspan="2"></td></tr>
<tr><td>谈判地点</td><td colspan="5"></td></tr>
<tr><td>谈判主持人</td><td></td><td colspan="2">职务</td><td></td><td>负责人：</td></tr>
<tr><td>供应商
厂商</td><td></td><td colspan="2">谈判人职务：</td><td></td><td>姓名：</td></tr>
<tr><td>序号</td><td>谈判要点</td><td colspan="2">谈判细则</td><td>结果</td><td>备注</td></tr>
<tr><td>1</td><td>销售分析
A. 三年内销售情况
B. 供应商商品中销售最好和最差的产品
C. 产品销售的主要地区和厂商
D. 顾客反馈</td><td colspan="2"></td><td></td><td></td></tr>
<tr><td>2</td><td>利润分析
A. 销售情况很好，供应商能否再降低进价，以便扩大销售量
B. 销售达到供应商返利要求，供应商应予返利
C. 供应商提供给其他厂家更低价格，应对本公司一视同仁或提供更低价格</td><td colspan="2"></td><td></td><td></td></tr>
<tr><td>3</td><td>供货情况
A. 供货及时性，生产周、月供货能力
B. 严格控制断货现象的发生
C. 在商品畅销情况下，要求供应商优先供货</td><td colspan="2"></td><td></td><td></td></tr>
<tr><td>4</td><td>质量状况
A. 行业地位
B. 执行标准
C. 满足我公司内控标准</td><td colspan="2"></td><td></td><td></td></tr>
<tr><td>5</td><td>送货
A. 直接送货至公司，运输方式保险
B. 送货的预约
C. 送货的计量和验收</td><td colspan="2"></td><td></td><td></td></tr>
</table>

图 8-18　供应商谈判记录表模板

产品订货单						
订单编号					订货日期	
供应 umw		电话			货款结算(人民币/元)	
地址					货款总计	运费
邮件		传真				
产品明细：						
序号	产品名称	单位	单价/元	数量	货款合计	备注
1						
2						
3						
需方信息：						
需方					联络人	
地址					电话	
收货人		电话			手机	
收货地址						
备注说明：						
备注						

图 8-19　产品订货单模板

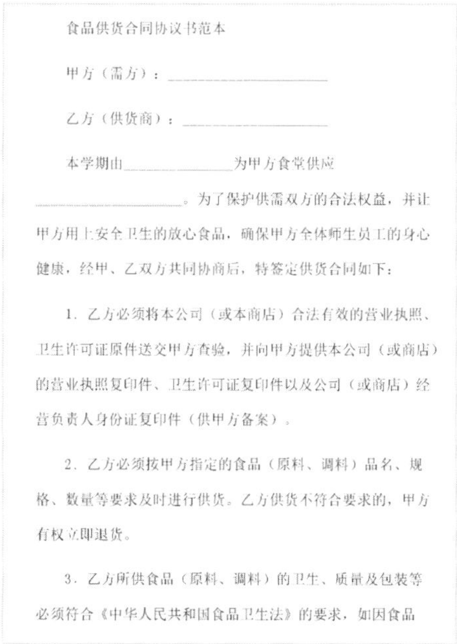

食品供货合同协议书范本

甲方（需方）：____________________

乙方（供货商）：__________________

本学期由______________为甲方食堂供应

__________________。为了保护供需双方的合法权益，并让甲方用上安全卫生的放心食品，确保甲方全体师生员工的身心健康，经甲、乙双方共同协商后，特签定供货合同如下：

1. 乙方必须将本公司（或本商店）合法有效的营业执照、卫生许可证原件送交甲方查验，并向甲方提供本公司（或商店）的营业执照复印件、卫生许可证复印件以及公司（或商店）经营负责人身份证复印件（供甲方备案）。

2. 乙方必须按甲方指定的食品（原料、调料）品名、规格、数量等要求及时进行供货。乙方供货不符合要求的，甲方有权立即退货。

3. 乙方所供食品（原料、调料）的卫生、质量及包装等必须符合《中华人民共和国食品卫生法》的要求，如因食品

图 8-20　食品供货合同协议书范本(部分内容)

8.3.3 谈判承诺，合法签约

就谈判双方达成协议的谈判结果而言，谈判中所有作出的承诺都需要尽快形成合同，将其合法化，以维护双方的利益，确保合作的顺利进行。为将谈判承诺合法化，采购方可以采取以下措施来促成谈判双方签约，如图 8-21 所示。

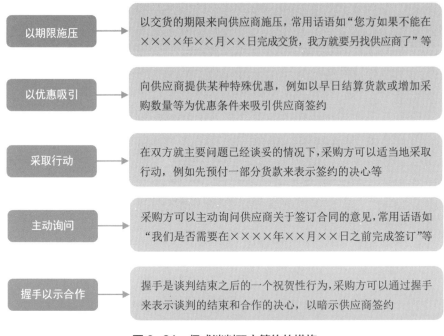

以期限施压 → 以交货的期限来向供应商施压，常用话语如"您方如果不能在××××年××月××日完成交货，我方就要另找供应商了"等

以优惠吸引 → 向供应商提供某种特殊优惠，例如以早日结算货款或增加采购数量等为优惠条件来吸引供应商签约

采取行动 → 在双方就主要问题已经谈妥的情况下，采购方可以适当地采取行动，例如先预付一部分货款来表示签约的决心等

主动询问 → 采购方可以主动询问供应商关于签订合同的意见，常用话语如"我们是否需要在××××年××月××日之前完成签订"等

握手以示合作 → 握手是谈判结束之后的一个祝贺性行为，采购方可以通过握手来表示谈判的结束和合作的决心，以暗示供应商签约

图 8-21　促成谈判双方签约的措施

8.4　谈判案例：谈判策略的落地分析

谈判策略的掌握在于运用。下面结合具体的谈判案例进行分析，以探究谈判策略的运用，详细内容如表 8-5 所示。

表8-5　谈判案例分析

不同案例	具体情况	谈判条件	谈判做法	谈判结果	技巧点拨
案例一	××小型外资超市与××日化企业的合作	××日化企业： (1)要求付款期限在14天内； (2)统一的进货价出售，设置最低进货箱数，按照进货的数量给予一定的优惠； (3)根据不同产品的进货系数进行产品的报价 ××小型外资超市： ①要求付款期限在30天内； ②没有设置最低进货箱数，且享受最大优惠； ③报价中不包括销售折让费用	(1)××小型外资超市与××日化企业每月进行业绩展示； (2)××小型外资超市不妥协于自己的谈判条件，坚持建立为自己企业创造毛利的合作	××日化企业妥协与××小型外资超市建立合作	(1)有选择性地合作，原则性问题不退让； (2)有品牌优势也不意味着拥有绝对的谈判优势； (3)谈判之前做足准备
案例二	××超市与××纸业公司的合作	××超市： 急需树立品牌优势，与同行竞争 ××纸业公司： 主打产业为民用纸，占据市场的首要位置； 需要开拓商用纸的市场	(1)××超市同意设置专门货架销售××产品，并对商用纸进行年度销售绩效考核； (2)精心准备了书面材料直接传达给××纸业公司总部； (3)在计划的正式实施上采用拖延战术	(1)××纸业公司以代理商价格出售给××超市所有产品，并放弃商用纸的销售要求； (2)××超市为××纸业公司提供一个商用纸陈列货架，将其他产品的经营管理权交给××纸业公司	(1)第一次报价或谈判条件无论同意与否，都要商洽一番； (2)适当地采取拖延战术来表示为难

189

第 9 章

签订合同：
采购的协同盈利

采购合同是采购承诺的书面合约，起着保护采购方与供应商双方的合法权益和约束双方履行义务的作用。而为了更好地发挥合同的这些作用，双方在签订合同时必须对合同有全面的认识。本章将详细介绍签订采购合同的相关内容。

9.1 确定合同：使用何种采购合同

案例思考：

A 公司与 B 公司经谈判约定，由 B 公司向 A 公司提供原材料 5000 吨，单价为 548 元/吨，总货款为 274 万元，同时约定 B 公司于 3 个月内分为 3 次交货，A 公司根据交货时间支付货款。试问，A 公司与 B 公司达成共识后，应签订什么类型的采购合同？

采购方与供应商进入签订采购合同环节，首先需要解决的问题便是双方必须共同确定好使用何种采购合同。而对于这一问题的解决，需要对采购合同有更全面的认识，包括采购合同的类型以及签订合同的步骤、特征、形式等。本节将对这些内容进行详细介绍。

9.1.1 合同的不同类型

一般来说，比较主流的采购合同有分期付款采购合同、试用采购合同和凭样品采购合同 3 种类型。不同类型的合同有不同的特征。下面将对这些采购合同进行具体的介绍。

1. 分期付款采购合同

分期付款采购合同是指就结算货款而言，规定买受人(采购方)在一定期限内分次支付货款给出卖人(供应商)的买卖合同。图 9-1 所示为分期付款合同的模板。

分期付款合同得以成立的条件是在采购方与供应商双方都同意的情形下，采购方分不同的期限向供应商支付货款，要求至少分两期以上的期限，且不同的期限又限定在某个时间段内，例如一个月支付一期货款、3 个月内付清等。对这类合同进行深入解读，可以概括出以下 3 种特征，如图 9-2 所示。

2. 试用采购合同

试用采购合同是指买受人通过试用出卖人的标的物来确定购买并支付货款的买卖合同。

图 9-1 分期付款合同模板

图 9-3 所示为设备试用买卖合同的模板。

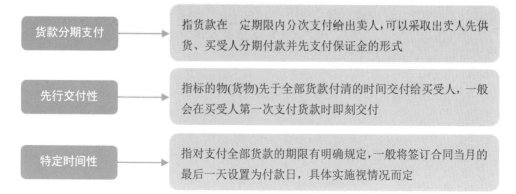

货款分期支付	指货款在　定期限内分次支付给出卖人，可以采取出卖人先供货、买受人分期付款并先支付保证金的形式
先行交付性	指标的物(货物)先于全部货款付清的时间交付给买受人，一般会在买受人第一次支付货款时即刻交付
特定时间性	指对支付全部货款的期限有明确规定，一般将签订合同当月的最后一天设置为付款日，具体实施视情况而定

图 9-2　分期付款采购合同的特征

图 9-3　设备试用买卖合同模板

试用采购合同的特征在于买受人先行对标的物进行试用，然后再决定是否采购并签订合同。也就是说，合同的生效取决于买受人的试用体验。

专家提醒

为确保试用合同的有效性，《中华人民共和国民法典》对试用买卖合同进行了相关规定，例如"试用买卖的当事人可以约定试用期的时间"等，如图9-4所示。

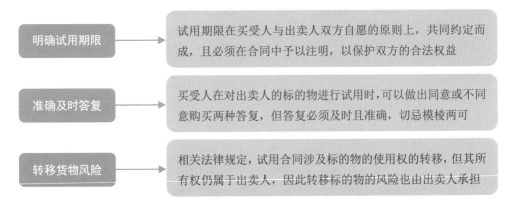

图9-4　《中华人民共和国民法典》的相关规定

虽受法律保护，但在实际签订试用采购合同的过程中，还是有可能会出现纠纷，因此买受人与出卖人双方在签订这类合同时需要特别注意以下几个事项，详细说明如图9-5所示。

明确试用期限	→	试用期限在买受人与出卖人双方自愿的原则上，共同约定而成，且必须在合同中予以注明，以保护双方的合法权益
准确及时答复	→	买受人在对出卖人的标的物进行试用时,可以做出同意或不同意购买两种答复，但答复必须及时且准确，切忌模棱两可
转移货物风险	→	相关法律规定，试用合同涉及标的物的使用权的转移，但其所有权仍属于出卖人，因此转移标的物的风险也由出卖人承担

图9-5　签订试用采购合同的注意事项

3. 凭样品采购合同

凭样品采购合同是指买受人先确定标的物样品的质量，再根据其质量与出卖人进行交易约定的买卖合同。标的物的样品指的是由采购方选定的产品型号、尺寸、质量等形成的货物模型，用作出卖人提供货物的示范。

这类合同最主要的特征是，出卖人交付的标的物质量必须与样品的质量相同。其质量由采购方选定，双方共同约定，一经确认任何一方都不能随意做出更改。图 9-6 所示为凭样品买卖合同的模板。

图 9-6 凭样品买卖合同模板

在签订凭样品采购合同时，采购方需要注意以下几个事项，以维护企业的合法权益，如图 9-7 所示。

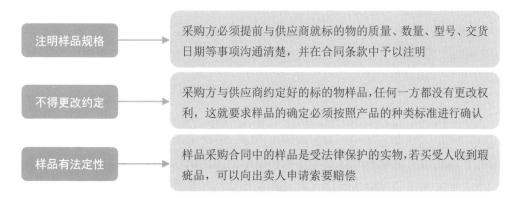

图 9-7 签订凭样品采购合同的注意事项

9.1.2 签订合同的步骤

采购方与供应商根据彼此的约定确定好采购合同的类型之后，将正式进入签订合同的环节，而在此之前，采购方有必要了解签订合同的相关步骤，以做好签订准备。

签订采购合同从合同的拟定、签署到管理，主要有拟定合同、提交审批、签订合同、变更合同、取消合同、终止合同这 6 个步骤。下面对这些步骤进行详细介绍。

1. 拟定合同

拟定采购合同是将采购方与供应商达成的约定，以文字形式按照法律规定的相关格式呈现出来。采购合同中包含的内容可以分为 6 个部分，具体说明如图 9-8 所示。

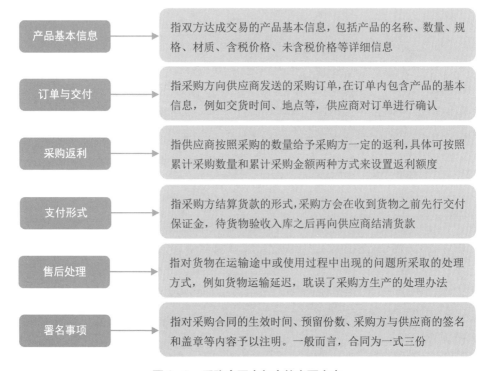

| 产品基本信息 | 指双方达成交易的产品基本信息，包括产品的名称、数量、规格、材质、含税价格、未含税价格等详细信息 |

| 订单与交付 | 指采购方向供应商发送的采购订单，在订单内包含产品的基本信息，例如交货时间、地点等，供应商对订单进行确认 |

| 采购返利 | 指供应商按照采购的数量给予采购方一定的返利，具体可按照累计采购数量和累计采购金额两种方式来设置返利额度 |

| 支付形式 | 指采购方结算货款的形式，采购方会在收到货物之前先行交付保证金，待货物验收入库之后再向供应商结清货款 |

| 售后处理 | 指对货物在运输途中或使用过程中出现的问题所采取的处理方式，例如货物运输延迟，耽误了采购方生产的处理办法 |

| 署名事项 | 指对采购合同的生效时间、预留份数、采购方与供应商的签名和盖章等内容予以注明。一般而言，合同为一式三份 |

图 9-8　采购合同中包含的主要内容

专家提醒

结合采购方的采购数量，供应商有责任给予一定的采购返利。一般采取阶梯式返利的方式设置返利梯度，累计采购方的订单数量对比返利梯度给予一定的价格优惠，或累计采购量与合同内产品单价的乘积对比返利梯度抵扣一部分货款。

2. 提交审批

为维护采购方的合法权利，企业的合同经办人在拟定完采购合同之后，会提交给有关部门或法务顾问审批，确定无误之后经由总经理签字盖章，然后才能与供应商同签订采购合同。

在采购合同的审批中，需要注意以下几个事项，具体如图 9-9 所示。

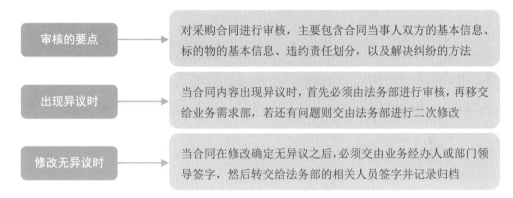

审核的要点	对采购合同进行审核，主要包含合同当事人双方的基本信息、标的物的基本信息、违约责任划分，以及解决纠纷的方法
出现异议时	当合同内容出现异议时，首先必须由法务部进行审核，再移交给业务需求部，若还有问题则交由法务部进行二次修改
修改无异议时	当合同在修改确定无异议之后，必须交由业务经办人或部门领导签字，然后转交给法务部的相关人员签字并记录归档

图 9-9 审批采购合同的注意事项

法务部对采购合同审核无异议之后，会出具合同审查法律意见书(模板见图 9-10)，这是提交给部门领导或总经理签字的凭证。

3. 签订合同

确定好采购合同之后，就正式进入合同的签订阶段，这是采购方与供应商缔结合作关系的法律凭证，有助于双方在合作中互利共赢。正式签订采购合同时，会由采购方与供应商双方代表在书面合同上签字并盖章，签订即表示合同的正式生效。

当标的物的质量要求和技术含量较高时，采购方与供应商除了签订采购合同之外，还会附带签订质量协议书(示例见图 9-11)，作为产品的质量、技术等规范的保证。

4. 变更合同

变更采购合同是指原本约定好的合同发生变化，需要修改。一般而言，采购合同的变更有合同内容变更和合同主体变更两种形式，前者是变更合同的权利与义务，后者为转让合同的权利与义务。

变更采购合同必须具备以下几个条件，如图 9-12 所示。

5. 取消合同

取消采购合同是指采购方与供应商双方取消约定、解除合同关系的行为。这一行为必须经由采购方与供应商双方一致同意，且在法律许可范围内，按照正确的方法进行。取消合同的方法有以下 5 种，如图 9-13 所示。

合同审查法律意见书

致：_____ 有限责任公司

我单位拟以_____ 有限责任公司名义与

_____ 单位签订关于_____的

《_____合同》，合同文本已由我单位法律事务机构

审查，审查意见如下：

一、合同对方主体资格审查

经我单位审查，合同对方系依法成立的法人单位，信用良好，有能力履行本合同义务，具备签订本合同的主体资格。

二、合同项目合法性审查

经我单位审查，本合同项目属合同对方所有，该项目已通过必要的审批并取得相关证书或证明，不存在影响本合同效力及可能损害集团公司利益的因素。

三、招投标手续合法性审查

经我单位审查，本合同的招投标手续合法，中标有效。

四、合同条款合法性、合理性审查

经我单位审查，在本合同中尚存在以下不能在签订合同前通过谈判消除的问题，并且有可能导致集团公司利益受损，需要采取相应措施预防和化解，现分述如下：

协议书部分

图 9-10　合同审查法律意见书模板

甲方：

乙方：

根据《医疗器械监督管理条例》、《产品质量法》等有关法律、法规，经双方协商达成以下协议：

一、甲、乙双方有义务向对方提供加盖企业红章的合法证照复印件。

二、乙方供给甲方的医疗器械及消毒产品保证符合国家标准或地方标准，如因乙方所供产品的质量问题给医疗单位或甲方造成经济损失，由乙方全额承担责任，甲方有协助乙方处理问题的义务。

三、在正常业务中，甲方在验收医疗器械及消毒产品时如发现有问题或在经营过程中出现滞销、过期等应及时通知乙方，乙方查实后应立即做退换货等处理。

四、本质量保证协议书经双方代表签字盖章后生效。所指医疗器械及消毒产品特指送货或发货凭证中载明的具体品种、规格、批号、数量。

五、有关产品的售后服务由乙方负责。

六、本协议未尽事宜，双方应协调解决，也可由上级主管部门调解或仲裁解决。

七、本协议一式两份，甲、乙双方各执一份。

八、本协议有效期一年，自签订之日起生效。

甲方：　　　　　　　　　乙方：

经办人：　　　　　　　　经办人：

负责人签字：　　　　　　负责人签字：

（公章）　　　　　　　　（公章）

签署日期：　年　月　日　签署日期：　年　月　日

图 9-11　质量协议书示例

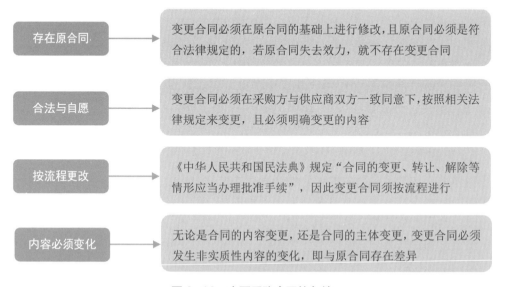

存在原合同	变更合同必须在原合同的基础上进行修改，且原合同必须是符合法律规定的，若原合同失去效力，就不存在变更合同
合法与自愿	变更合同必须在采购方与供应商双方一致同意下，按照相关法律规定来变更，且必须明确变更的内容
按流程更改	《中华人民共和国民法典》规定"合同的变更、转让、解除等情形应当办理批准手续"，因此变更合同须按流程进行
内容必须变化	无论是合同的内容变更，还是合同的主体变更，变更合同必须发生非实质性内容的变化，即与原合同存在差异

图 9-12　变更采购合同的条件

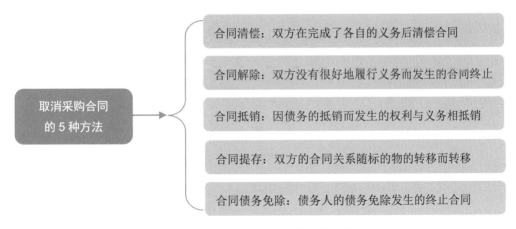

图 9-13 取消采购合同的 5 种方法

就采购方而言，若面临采购取消合同的情形，必须注意以下几个事项，如图 9-14 所示。

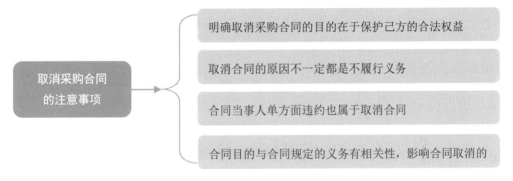

图 9-14 取消采购合同的注意事项

6. 终止合同

终止采购合同是指采购方与供应商消除合同关系的行为，这类行为发生的原因复杂多样，大致可归纳为以下几个方面。

(1) 因采购方与供应商双方全面履行合约而发生的采购合同到期。

(2) 因采购方与供应商双方或某一方死亡而导致的采购合同的终止。

(3) 因标的物提存、法院仲裁、合同抵销等造成的采购合同的终止。

(4) 因外部环境、市场因素等造成的采购合同的终止。

一般来说，采购合同的终止必须是采购方与供应商双方协商的结果，但也存在无须双方同意的情形，具体说明如图 9-15 所示。

图 9-15　终止采购合同的不同情形

采购合同的终止会涉及采购方与供应商双方的权利，因此在进行终止合同行为时必须注意以下事项，具体说明如图 9-16 所示。

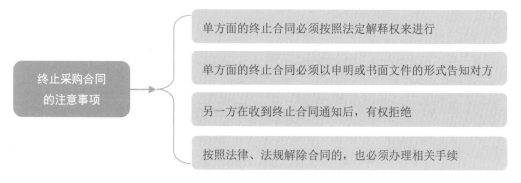

图 9-16　终止采购合同的注意事项

9.1.3　签订合同的原则

为保证采购合同的规范性与合法性，采购方与供应商在签订合同时需要遵循以下几个原则。

（1）合法原则。签订采购合同必须按照法律的相关规定进行，包括合同的内容设置、流程安排与手续的办理等都必须符合相关法律法规。

（2）平等互信原则。签订采购合同的行为应建立在采购方与供应商双方平等互利、互相信任的基础上，严禁"强买强卖"。

（3）书面形式呈现原则。采购合同的呈现形式以书面文件为主，双方必须签字、盖章才能维护彼此的合法权益。

（4）法人原则。采购合同必须由采购方与供应商各自的法人代表亲自签字，委托他人必须取得委托证明。

9.2　订立合同：采购合同的条款内容

案例思考：

　　山西××煤矿需要采购一批煤矿开采设备用作生产需求，由于其工作特征是多粉尘、高难度、高酸碱度的，因此对于设备的要求是体积小，便于移动；负荷大，承重能力强；环境适应性强，防火防爆安全性高等。思考上述这些煤矿开采设备的要求在采购合同中应写入什么条款中？

　　由于采购合同涉及企业的重要利益，因此采购人员在合同的拟定环节必须对采购合同进行严格的把关，以防因合同问题而造成采购失败。

　　具体而言，采购人员对合同进行把关，无非就是确认合同中的各项条款是否合法与合理，而对这些条款进行确认，则需要明确各项条款中的具体内容。本节将对采购合同中的各项条款内容进行详细介绍，以便采购人员有更全面的了解。

9.2.1　标的条款

　　标的条款是采购合同的核心内容，主要包含标的物(采购的货物)的名称、商标、类型等详细信息，具体说明如图 9-17 所示。

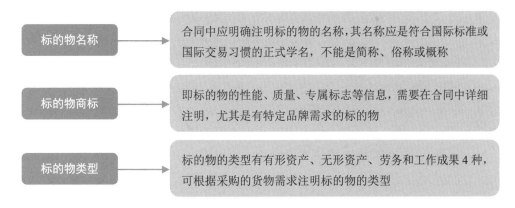

标的物名称	合同中应明确注明标的物的名称,其名称应是符合国际标准或国际交易习惯的正式学名,不能是简称、俗称或概称
标的物商标	即标的物的性能、质量、专属标志等信息,需要在合同中详细注明,尤其是有特定品牌需求的标的物
标的物类型	标的物的类型有有形资产、无形资产、劳务和工作成果 4 种,可根据采购的货物需求注明标的物的类型

图 9-17　采购合同中标的条款的主要内容

　　采购人员在订立采购合同中的标的条款时，要求对上述这些标的信息进行错误排查，若存在问题必须及时更正，并适时地与供应商进行沟通，协商好标的条款的细则。

9.2.2　质量条款

　　质量条款是采购合同中很重要的部分，它涉及采购方的生产需求和运营要求，因此关于质量方面的内容，采购人员必须认真对待，严防给企业造成损失。具体来说，在设置采购合同的质量条款时，需要注意描述的标的物质量用词、要求的技术标准、供应商对质量的职责和调试设备的指标等，如图9-18所示。

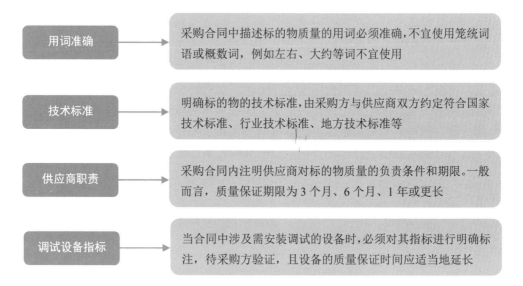

用词准确	采购合同中描述标的物质量的用词必须准确，不宜使用笼统词语或概数词，例如左右、大约等词不宜使用
技术标准	明确标的物的技术标准，由采购方与供应商双方约定符合国家技术标准、行业技术标准、地方技术标准等
供应商职责	采购合同内注明供应商对标的物质量的负责条件和期限。一般而言，质量保证期限为3个月、6个月、1年或更长
调试设备指标	当合同中涉及需安装调试的设备时，必须对其指标进行明确标注，待采购方验证，且设备的质量保证时间应适当地延长

图9-18　采购合同中质量条款的注意事项

专家提醒

　　采购合同的质量条款不仅关乎采购方的合法利益，而且对供应商的名誉也有影响，因此在标注这类条款内容时必须明确且具体，对存在异议的内容也应以附件的形式纳入合同中。

9.2.3　交付条款

　　交付条款是指采购方与供应商对标的物的交接工作进行约定。其涵盖的内容主要包括货物的交付方式、交付时间、交付地点等，具体说明如图9-19所示。

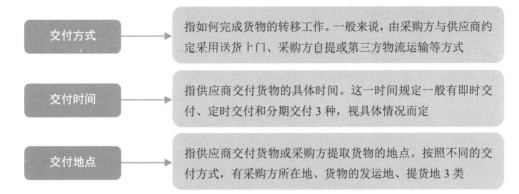

图 9-19　采购合同中交付条款的主要内容

9.2.4　付款条款

付款条款是采购合同中采购方与供应商对支付货款的相关规定，主要包含合同价款、付款方式和付款金额 3 个部分的内容，详细说明如图 9-20 所示。

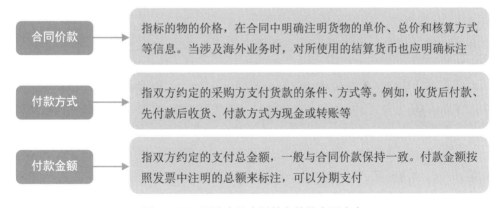

图 9-20　采购合同中付款条款的主要内容

专家提醒

采购合同中的付款金额涉及货物的交付问题，因此设置该条款时往往与交付条款相对应，且在实际履约过程中，付款金额的明细要列明在发票中，采购人员应该认真核对。

9.2.5　违约条款

违约条款是采购合同中为预防合同履约过程中出现风险而设置的措施。这类条款是保障采购方与供应商双方合法权益的最直接体现，主要包括以下内容，如图 9-21

所示。

图 9-21　采购合同中违约条款的主要内容

9.3　风险规避：签订合同的注意事项

案例思考：

D 公司与 C 公司签订了采购合同，约定由 C 公司向 D 公司提供建筑材料，材料共计价款 1550 万元。该价款的制定已衡量了可能存在的建材价格变动风险，除特殊情况导致合同履行显失公平外，一般情况下不能以涨价为由进行合同价格调整或变更、撤销合同。

在双方合作期间，出现了市场建材价格持续上涨，C 公司的材料成本不断增加的情况，于是 C 公司向 D 公司提出增加款项，但遭到 D 公司拒绝。后经由法院审理，也得出因材料上涨幅度未达到合同履行显失公平的程度而驳回了 C 公司的申请。由此，对于合同风险的规避，你有什么认识？

采购方与供应商签订采购合同，是确保采购承诺顺利兑现、采购活动顺利完成的一项行为。采购方作为签订合同的一方，在进行这一行为时不能盲目、随意，应该谨慎对待，规避合同中可能会发生的风险。

具体而言，采购方需要做到维护企业合法权益、正视合同的签章以及确保合同的生效。本节将对这些内容进行详细说明。

9.3.1　维护企业权益

就采购方而言，签订采购合同常见的风险主要有供应商因物价变化引发的变更合同、供应商逾期交付货物、验收后货物出现质量问题这 3 种情形。若采购方面临这 3 种情形，必须采取一定的应对措施来维护自己企业的权益。下面分别介绍面对这些情形采购方可以采取的措施。

1. 物价变化引发的变更合同

当供应商以货物的物价发生变化为由要求变更采购合同时，采购方可以采取以下应对措施，如图 9-22 所示。

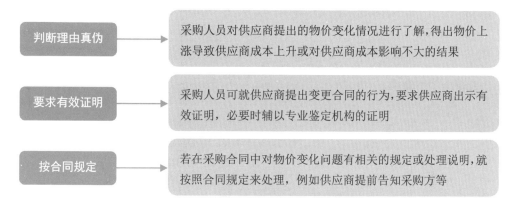

判断理由真伪	采购人员对供应商提出的物价变化情况进行了解,得出物价上涨导致供应商成本上升或对供应商成本影响不大的结果
要求有效证明	采购人员可就供应商提出变更合同的行为,要求供应商出示有效证明，必要时辅以专业鉴定机构的证明
按合同规定	若在采购合同中对物价变化问题有相关的规定或处理说明,就按照合同规定来处理，例如供应商提前告知采购方等

图 9-22　采购方应对变更合同的措施

2. 供应商逾期交付货物

若在采购方与供应商签订合同的基础上，供应商逾期交付货物，则采购方应维护自己的权益，可以采取以下措施。

（1）及时与供应商取得联系，确定逾期的准确性和缘由，要求供应商给出确切的交付日期。

（2）为避免采购方因供应商逾期交货而造成的客户信誉损失，采购方应及时与己方客户取得联系，向客户表明原因并承诺以后避免发生类似情况。

（3）采取应急采购方案并积极处理。

3. 验收后货物出现质量问题

若采购方面临验收货物之后出现质量问题，采取的应对措施以预防为主。采购方在货物验收入库环节应仔细检查，争取及时发现问题并告知供应商，或在拟定采购合同时针对货物的质量进行约定，明确货物的保质期限等。

9.3.2　正视合同签章

签订采购合同一般是采购方与供应商的法定负责人，双方的签字与盖章是确保合同正式生效的凭证。然而，在合同的签章上稍有不慎，就会出现问题而给企业造成损失。下面进行具体介绍。

1. 签章存在即合同生效

一般情况下，合同签字盖章后即代表着合同的正式生效，然而也存在特殊情况，例如存在欺诈行为的合同签章，就不具有法律效力。因此，为避免因签章造成的企业损失，采购人员应注意合同签章中的以下细节，具体说明如图 9-23 所示。

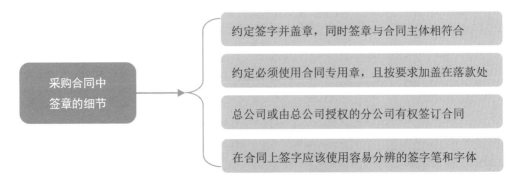

采购合同中签章的细节

- 约定签字并盖章，同时签章与合同主体相符合
- 约定必须使用合同专用章，且按要求加盖在落款处
- 总公司或由总公司授权的分公司有权签订合同
- 在合同上签字应该使用容易分辨的签字笔和字体

图 9-23　采购合同中签章的细节

2. 无签章代表合同无效

通常，采购合同中的签章仅代表采购方与供应商对合同内各自的权利与义务表示认可，而合同的生效则取决于采购方与供应商双方行使权利与履行义务的情况。若在没有签章的情况下，合同当事人双方均行使了权利与履行了义务，且双方互相接受，则该合同同样生效。

因此，合同的签字与盖章只是签订合同的形式，具体还需要查看合同的履约情况。但采购方应该仔细查看未签章合同内的各项条款，确保其具有同等效用。

3. 离职人员的签字效用

采购人员判断离职人员签字的合同是否具有效用，具体查看签字人员的身份和签字人员的立场，详细探讨如图 9-24 所示。

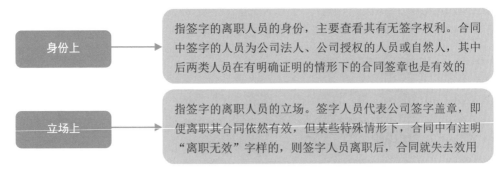

身份上　指签字的离职人员的身份，主要查看其有无签字权利。合同中签字的人员为公司法人、公司授权的人员或自然人，其中后两类人员在有明确证明的情形下的合同签章也是有效的

立场上　指签字的离职人员的立场。签字人员代表公司签字盖章，即便离职其合同依然有效，但某些特殊情形下，合同中有注明"离职无效"字样的，则签字人员离职后，合同就失去效用

图 9-24　采购合同中离职人员的签字效用探讨

专家提醒

经企业授权的人员或自然人，在合同上签字时，必须持有授权委托书原件，且委托书原件上的人员信息、授权时间、授权签章等信息必须明确。

9.3.3　确保合同生效

合同签订的目的是为确保合同的生效，而要做到这一点，采购方必须明确以下几个事项，如表9-1所示。

表9-1　采购方确保合同生效的明确事项

事　项	内　容
合同性质	缔结合同关系的双方必须是有一定组织机构和可支配资产的企业； 合同内所规定的权利与义务为企业享有并履行
合同属性	合同的内容、签订形式符合相关法律法规、政策方针的规定
拟定形式	合同以书面文字形式来拟定
签订原则	合同签订建立在平等互利、协商一致、相互信任的原则上
签订对象	合同必须由缔结合同关系的双方当事人签署，若委托他人签署，必须出具委托证明

具体而言，为确保采购合同的生效，采购方要加强合同的履约管理，可以采取以下几种管理办法，详细说明如图9-25所示。

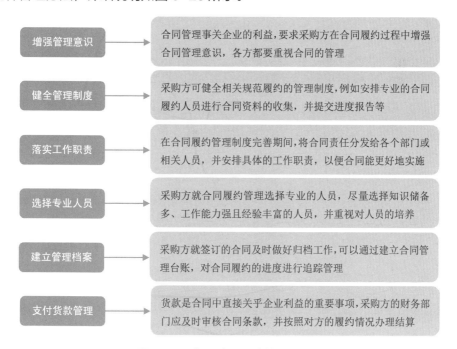

图9-25　加强合同履约管理的办法

第 10 章

品质管理：
监测采购全过程

采购产品的品质是采购工作的核心，因此采购人员有必要对其进行管理。对于品质管理来说，需要采购人员重点关注产品的运输、验收及存储3个方面的工作。本章将对这些工作内容进行详细介绍。

10.1　订单追踪：实时掌握订单动态

案例思考：

　　××货物公司针对货物损坏问题制定了一个赔偿制度，其制度包括损坏上报制度、损害赔偿制度和奖励制度 3 大类。其中，损坏上报制度对采购员、物流员和仓储负责人员提出了明确的损失上报工作要求，如采购员、物流员和仓储人员随时向公司产品质检部门上报货物损坏情况。思考这类赔偿制度对××货物公司有什么好处？

　　采购订单是运输采购产品的凭证，对采购订单的实时追踪是对产品运输进行管理的方式之一。采购人员要想实现订单的实时追踪，应经过认识订单、处理订单、追踪订单以及完成订单等环节。本节将详细介绍这些环节，为采购人员提供帮助。

10.1.1　认识订单

　　认识订单，即了解采购订单的相关知识，从了解订单的类型开始。订单的类型有标准采购订单、合同采购订单和计划采购订单 3 种。下面具体介绍这 3 种采购订单。

1. 标准采购订单

　　标准采购订单是采购人员结合采购需求、市场报价等制定的拟采购清单，其中包含待采购产品的数量、包装、规格、价格、交货要求等相关信息，其模板如图 10-1 所示。这类订单适用于采购频率较低的产品需求。这类订单的特点是将产品的基本情况详细地罗列清楚，便于采购人员记录并追踪。

2. 合同采购订单

　　合同采购订单是指采购方与供应商根据合同约定而制定的采购订单，作为采购方与供应商合作关系的一种协议，主要适用于暂时未确定采购物品，但确定了供应商与采购金额的采购活动。例如，某超市与供应商签订总价为 100 万元的采购合同，约定在 3 个月的订单期限内，供应商为超市供应同等价位的物品，具体物品和需求根据超市需求而定。图 10-2 所示为合同采购订单示例。

3. 计划采购订单

　　计划采购订单，顾名思义，是采购计划中的一部分，其产生于没有物品需求之前，旨在与供应商建立友好的合作关系。

　　计划采购订单适用于规格统一、数量较大且需求稳定的产品采购需求。使用计划采购订单有以下 3 个好处，详细说明如图 10-3 所示。

公司名称					采购订单号		
					订单时间		
					参考单号		

需方				供方		
办公地址				地址		
联系人		传真		联系人		传真
电话				电话		
送货地址						
收货联系人						

序号	零件名称	零件号	单位	数量	单价	总价	要求交货日期	确认交货日期

大写合计	人民币					总共	
特别说明							
备注	1.送货单上请注明我司采购订单编号；						
	2.交货方式：供方负责运输到指定地点，包装运费费用由供方承担；						
	3.产品质量符合相关标准；						
	4.产品价格包含17%的增值税；						
	5.其他事项参考双方签署的相关采购合同						

双方确认签字，签字后请回传

采购负责人：	采购物流部经理：	供应商代表：
签字：	签字(盖章)：	签字(盖章)：
日期：	日期：	日期：

采购订单

需方（甲方）：

地址：

供方（乙方）：

地址：

订单编号：

日 期： 年 月 日

序号	产品名称	规格、型号	数量	单价(含税)	金额(元)	交期	备注

| 合计（元） | | |

说明：

一、产品名称、数量、价格、交期等具体信息参见上述表格。甲方须在收到乙方发出的采购订单后2日内回复，如有异议，甲方须在 24h内面通知乙方进行确认。若甲方未在约定的时限内回复确认，视为甲方默认此采购订单。

二、交货地点：甲方所在地或甲方指定地点（需发货前 7日书面通知乙方）。

三、交付方式及费用承担：甲乙双方约定由 _____ 方安排运输，运输费用由 _____ 方承担。

四、产品所有权及风险转移：自乙方将产品交付至甲方所在地 /甲方指定地点/第三方承运人时，产品的所有权及风险转移至甲方。

五、结算周期及方式：

1．甲乙双方约定，以每月的 _____ 日为对账结算日。待对账确认无误并签字盖章后，乙方为甲方开具等额有效的增值税专用发票。

图 10-1 标准采购订单模板

图 10-2　合同采购订单示例

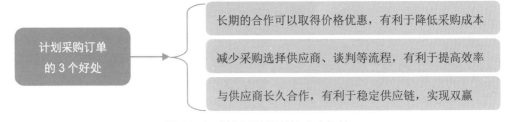

图 10-3　计划采购订单的 3 个好处

专家提醒

使用采购订单时，可根据采购方的采购需求、特征、习惯以及供应商的特点来确定订单类型，且每种采购订单并非完全独立，可以结合使用。例如，标准采购订单和合同采购订单可以并行使用，标准采购订单和计划采购订单可以同时使用等。

10.1.2　处理订单

处理订单指的是采购物品需求的申请，即申请确定使用何种采购订单。不同情形下的采购需求，申请的流程与规范不同。下面分别介绍 4 种情形下的申请流程与规范，为采购人员处理订单提供参考。

1. 标准需求申请

标准需求申请，指的是企业各个部门根据各自的采购需求，填写事先制定好的采购申请单，然后移交给采购部门采购的过程。这类情形下的申请特点是企业有专门的采购管理制度，且事先制定好了采购申请单的模板、填写要求、申请流程等，各部门按照规定来执行。图 10-4 所示为某公司采购管理制度及流程示例。

××实业发展有限公司采购申请管理制度及流程

一、申购制度

为了统一限量、控制用品规格及节约经费开支，所有办公用品、低值易耗品等的购买和工程类项目的发包，须由各部门提出采购计划，部门主管填写《采购申请表》属于工程类的采购项目需附上工程合同或报价表，并经各部门经理（主管）审批，后移交总经办文员统计汇总，再经有关领导一并审批后编制《申购总清单》最终交由采购专职采购负责人进行采购。

办公物品由文员负责管理，物品入库时需严格检查进货品种、数量、规格、单价、总额等是否与《申购总清单》相符，按手续验收入库，登记入账。没有经审核的《采购申请表》或未办入库手续，财务一律不予报销。总经办负责入库、出库的管理及公司调离人员办公用品的收回。

1. 办公文具分为消耗品、管理消耗品及管理品三种。

2. 文具用品分为个人领用和部门领用两种。

a. 个人领用：系个人使用保管用品；(b)部门领用：系公司或部门共同使用用品。

3. 消耗品可依据历史记录（如过去一段时间的耗用平均数）、经验法则（估计消耗时间）设定领用管理基准，并可随部门或人员的工作状况调整发放基准。

4. 管理消耗品应限定人员使用，必须以旧品替换新品，但纯消耗品不做这项要求。

图 10-4 某公司采购管理制度及流程示例

2. 小型需求申请

小型需求申请是一种针对物品需求批次小、频率高的产品采购申请，适用于小批量需求的申请模式，同样需要经过专门的申请流程。

3. 临时需求申请

临时需求申请是对未经计划的采购需求进行申请。临时需求申请的申请范围包括急需物品、服装饰品以及各类商务活动用品等，以少量、不做库存处理的产品为主。

临时需求申请可参考以下流程进行，如图 10-5 所示。

专家提醒

临时需求申请往往是紧急且小批量的采购情况，为保证物流的及时供应，采购方应该制定规范的操作流程和解决方案。

图 10-6 所示为临时需求申请表的模板。图 10-7 所示为入库单的模板。

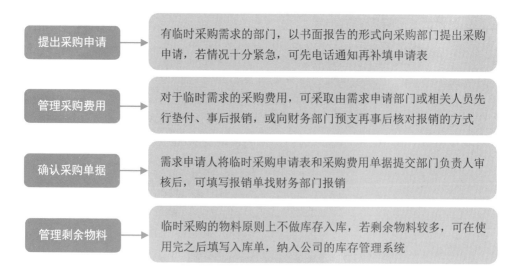

图 10-5　临时需求申请的流程

临时需求表				
申请部门		申请人		
物品名称、规格、数量				
采购用途				
费用预算				
部门负责人审批：		采购部负责人审批：		总经理审批：

图 10-6　临时需求申请表模板

入库单							
部门		订单号			日期		
序号	物品编号	品名	规格	单位	入库数量	实收数量	备注
1							
2							
3							
4							
5							
6							
7							
8							
9							
10							
核准		审核			仓库入库员		

图 10-7　入库单模板

4. 替代品需求申请

替代品需求申请是指申请将原有的物品采购改为替代品采购。一般情况下，发生替代品需求申请的原因是原有物品的价格上涨，在低成本采购的目标之下不宜过多采购产品。图 10-8 所示为替代品采购申请表的模板。

替代品采购申请表			
物品名称		物品类别	
替代品			
原物品			
替代原因：			
申请部门主管意见：			
申请部门经理意见：			
备注：			

图 10-8　替代品采购申请表模板

10.1.3　跟踪订单

跟踪订单是指采购人员适时掌握采购订单的进度，包括供应商处理订单的进度、采购方生产需求的形势和采购订单的使用情况 3 个方面，详细说明如图 10-9 所示。

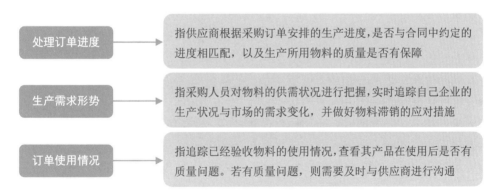

图 10-9　跟踪采购订单的 3 个方面

采购人员对采购订单进行追踪，主要是为确保采购的顺利完成，实现产品的供需平衡。但供需平衡是一种理想状态。在实际的采购工作中，采购人员可通过实时追踪订单来做好解决各种问题的应对方案，进而接近这种理想状态。

10.1.4　完成订单

完成订单是指供应商与采购方交接物品，采购方对物品的质量进行确认与验收。为了顺利地完成订单，在这一环节采购方须做好以下 4 方面工作，具体如图 10-10 所示。

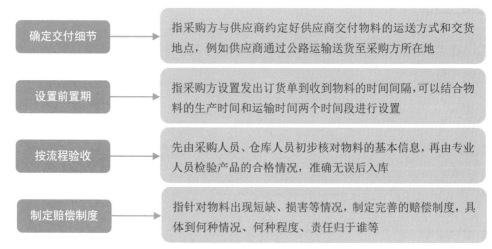

图 10-10　完成订单的 4 个工作要求

10.2　仓储设定：确定物品存放地点

案例思考：

如果你正经营一家大型超市，每周进行一次采购，关于待储存食品的仓库选址、货架规划、仓管人员的选择以及安全管理措施，你会怎样考虑？

多数情况下，采购的物品会涉及仓储，即物品的存放地点，存放点应方便生产与销售。虽然物品的仓储工作不是直接归属于采购人员的工作，但采购人员需要时常与仓管人员打交道，因此了解相应的物品仓储知识，也是采购人员工作的一部分。

具体而言，对物品进行仓储设定主要包括确定储存仓库、对入库物品进行管理和保障物品的安全等。本节将详细介绍这些工作内容。

10.2.1　确定仓库

确定仓库是对物品进行保存的首要任务，主要包含仓库的选址、货架的规划和选择仓管人员 3 项工作。其中，在选择仓管人员时，必须规定其岗位职责，并要求其具有一定的业务能力。下面将对确定仓库的这 3 项工作内容进行详细的介绍。

1. 仓库的选址

仓库的选址，即选择存放物品的合适地点，需要依据企业的实际情况、仓库的类型和物品的特征来分析，具体需要经过以下两个阶段。

（1）调研阶段。选择仓库之前，需要对产品、费用和客观实际情况进行充分了解，并初步确定仓库地址，具体说明如图 10-11 所示。

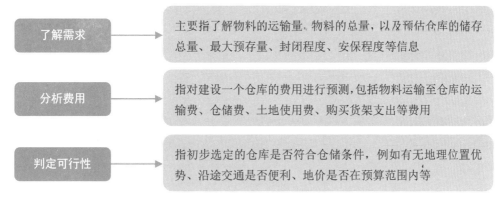

图 10-11 仓库选址的调研阶段

(2) 选址评估阶段。借助一定方法对初步选好的仓库地址进行评估，可采取以下两种方法，如图 10-12 所示。

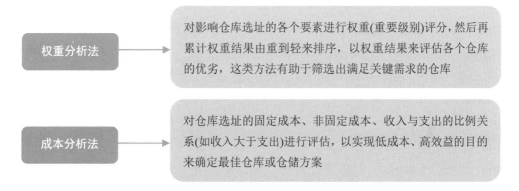

图 10-12 评估仓库选址的两种方法

采购方在选择仓库时，一般遵循以下 3 个原则。

(1) 战略性原则。从大局出发，实现长远的利益来选择仓库，即仓库选址符合可持续发展的要求。

(2) 协调性原则。能够视仓库为一个整体，各仓储设备、功能分区等相互协调、有序开展。

(3) 经济性原则。选址综合考虑仓库的建设和维护，尽量减少成本支出。

2. 货架的规划

货架的规划是安全存储物品、有序管理仓库的必备要求。一般来说，规划货架需要综合考虑以下 3 个因素，如图 10-13 所示。

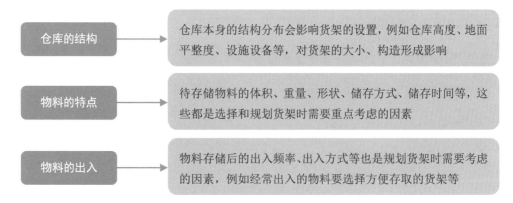

图 10-13　规划货架的综合考虑因素

3. 选择仓管人员

仓管人员是指专门进行物品存储管理作业的人员，其岗位职责主要是物品验收与物品库存管理，详细介绍如图 10-14 所示。

图 10-14　仓库管理人员的岗位职责

企业在选择仓管人员时，需要根据仓库管理人员的岗位职责来用人。具体而言，可以参考以下 3 个指标。

(1) 业务能力。仓管人员必须具备以下 4 个技能。

● 熟悉仓储物品的出库、入库操作方法与管理方法。

● 明确仓库管理制度与规范，并按照规定严格执行。

● 具备必要的物品质量管理知识与相关的财务知识。

● 熟练操作电脑，会使用电子管理系统。

(2) 心理素质。仓库管理人员不仅要具备必要的仓储业务能力，而且还需要有一定的耐心并足够细心，为人踏实、负责。

(3) 气质特征。采购方还可参考气质类型来选择仓管人员。例如，属于抑郁质和黏液质的性格特征(都表现为稳定、安静的性格)的人更适合做仓库管理者。

10.2.2 储存管理

储存管理是指对入库物品进行库存管理工作，主要包括合理放置物品、存储环境要求，以及有序管理仓库 3 个方面的内容。下面将对这些内容进行具体介绍。

1. 合理放置物品

合理放置物品是对仓库的合理布局与货架的合理规划，具体要根据物品的详细情况而定，但放置物品通常会遵循以下几个原则，如图 10-15 所示。

图 10-15 合理放置物品的原则

2. 存储环境要求

仓库存储环境会影响物品的品质，好的环境能够保障物品的高品质，而一个好的仓库存储环境通常要满足 4 个要求，如图 10-16 所示。

3. 有序管理仓库

有序管理仓库是指使存取物品更为便捷，可以利用现代技术智能化管理仓库。现代仓储物流是有序管理仓库的一个智能化应用，如图 10-17 所示。

图 10-16 仓库存储环境的要求

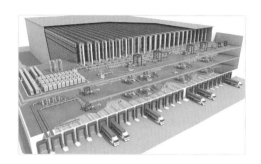

图 10-17 现代仓储物流的应用

10.2.3 安全保障

安全保障是对仓库内物品防损坏、防丢失、防事故发生等采取的预防措施，包括严格把控物品入库、严格进行消防管理、建立健全防盗系统和易燃易爆物品保管等，下面将详细介绍这些措施。

1. 严格把控物品入库

在把控物品入库的环节方面，采取的主要措施包括物品的严格验收、分类存放、稳定环境和投入技术等，具体说明如图 10-18 所示。

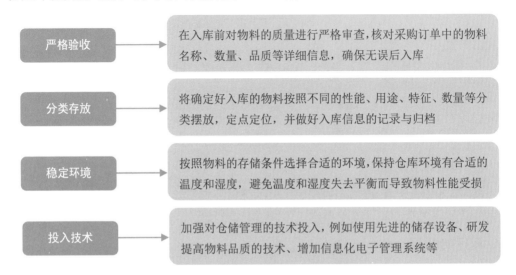

严格验收	在入库前对物料的质量进行严格审查，核对采购订单中的物料名称、数量、品质等详细信息，确保无误后入库
分类存放	将确定好入库的物料按照不同的性能、用途、特征、数量等分类摆放，定点定位，并做好入库信息的记录与归档
稳定环境	按照物料的存储条件选择合适的环境，保持仓库环境有合适的温度和湿度，避免温度和湿度失去平衡而导致物料性能受损
投入技术	加强对仓储管理的技术投入，例如使用先进的储存设备、研发提高物料品质的技术、增加信息化电子管理系统等

图 10-18 严格把控物品入库的主要措施

2. 严格进行消防管理

仓库着火是仓库管理的一类重大风险，因此仓库管理人员有必要进行消防管理，可以参考以下措施，如图 10-19 所示。

3. 建立健全防盗系统

建立健全防盗系统是防止仓库物品丢失的一种举措。具体而言，企业可参考以下方法来做好这一举措，如图 10-20 所示。

防止仓库物品的丢失主要在于仓库管理人员的日常清点与维护，因此除了上述方法外，企业还可以对仓库管理人员进行绩效考核，实行奖惩机制来督促其做好物品的安全管理工作。

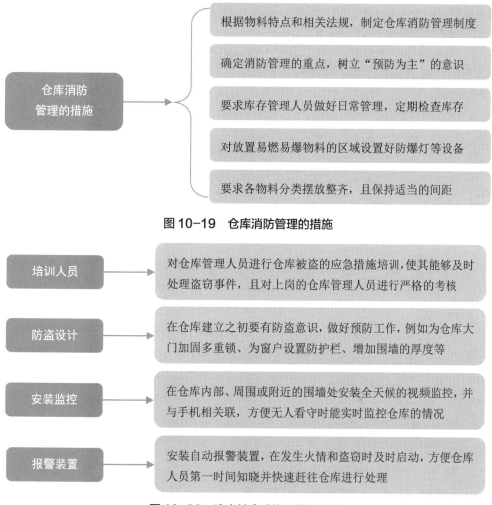

图10-19　仓库消防管理的措施

图10-20　建立健全防盗系统的方法

4.易燃易爆物品保管

企业对于易燃易爆物品的保管应予以重视，避免储存和使用的过程中出现事故。为此，企业可以参考以下几种保管措施。

（1）企业统计出本单位内需要使用的易燃易爆物品包括哪些，将其进行归类，如分为液化气体、氧化剂、爆炸品、自爆品等，并制定保管这类物品的规章制度，要求员工熟记于心。

（2）不同种类的化学危险物品在专业人员的指导下，进行保管、运输、使用和销毁工作，其专业人员须经过专门的训练且考试合格。

（3）在仓库的选择上，化学危险物品必须存放在专用仓库、专用场所里，由专门的人员管理，本着绿色安全的原则统一管理，不得随意摆放；存放这类物品的仓库与生产区、生活区保持一定的距离。

(4) 对于仓库设备的选择，化学危险物品存放的仓库必须设有安全出口，符合安全、防火的规定，且有良好的通风、避雷设备。不同性质的物品存放按照不同的防火、防爆储存方法，如存储氧化剂应采用不燃烧的地面等。

(5) 一些爆炸品和放射性物品，还须注意受阳光照射的问题，有毒气体、易燃液体等应放置在阴凉、通风的环境中；一些易潮、怕冻的物品，应进行防积水、防低温保管，根据物品的不同性质，采取有效的保管措施。

(6) 保存好易燃易爆物品后，还需要加强平日的检查与监管措施，如仓库外加强警卫，严格仓库进出制度；对于一些性质不稳定、容易分解而引发爆炸的物品，需要定期进行检查化验，严格保障仓库安全。

10.3 库存盘点：进出物品保留凭证

案例思考：

与其他行业不同的是，餐饮业降低采购成本的途径还有与养殖场合作。××酒店通过将临近保质期的食品低价卖给养殖场来获得一些利润补偿和减轻经济压力，同时这也是有效处理呆废料的方式之一。除此之外，你还能想到其他有效处理呆废料的方式吗？

库存盘点是实时了解仓库内物品进出情况的一种物品管理方式。通过查看库存的进出记录可以达到了解企业经营情况的目的，从而为企业后续的经营决策提供依据。例如，制订生产计划、做出采购决策等。

一般而言，库存盘点会经过一定的步骤，且因物品的不同而采取不同的盘点方法和策略，并对盘点中存在的一些呆废料进行处理。本节将详细介绍库存盘点的相关内容。

10.3.1 盘点步骤

通常情况下，库存盘点因工作繁杂容易耗费大量的时间和人力，但如果按照一定的步骤进行，就可以使库存盘点工作更加快速、有序地完成。库存盘点有以下几个步骤，如图 10-21 所示。

其中，盘点差异是指库存的初次盘点与再次盘点的结果不一致。此时有两种情形：若账物相符，则盘点的项目确认无误；若账物不符，就需要对有差异的地方进行处理，进一步查清原因。

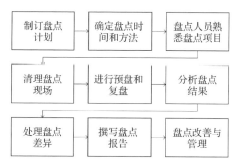

图 10-21 库存盘点的步骤

专家提醒

库存盘点中的预盘是指由仓库人员进行的初次库存盘点；复盘是在预盘的基础上进行的再次盘点，可由与仓管部门不相干的人员来盘点。

10.3.2 盘点方法

一般而言，库存盘点方法主要有两种，即账面盘点法和现货盘点法，其中账面盘点法是汇总存货卡来逐一统计库存余量的一种盘点方法。图 10-22 所示为存货卡登记表示例。

存货卡登记表

序号	物品名称	规格/型号	单位	上月结存数	本月入库				本月出库				本月库存结余	
					入库时间	数量	单价	金额	入库时间	数量	单价	金额	数量	金额
1	鼠标垫		个	20	2022-05-10	20	5	100					40	100
2	电子台账		本	25	2022-05-10	15	8	120					40	120
3	电子秤		台	10	2022-05-10	15	60	900					25	900
4														
5														
6														

图 10-22 存货卡登记表示例

现货盘点法是指对物品的实物进行盘点，按照不同的盘点形式，又可以分为以下几种不同的类型，如图 10-23 所示。

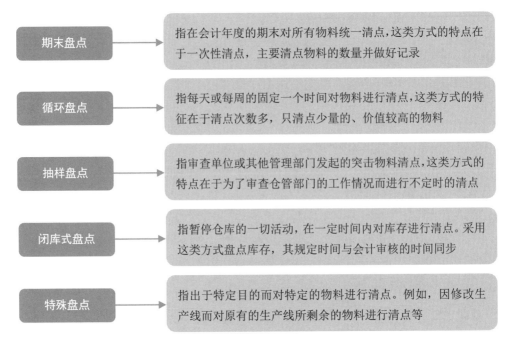

图 10-23　现货盘点法的不同类型

一般来说，为确保盘点工作的准确无误，企业会同时采取账面盘点与现货盘点两种方式盘点库存。需要注意的是，无论采用哪种方法盘点库存，都应及时做好盘点记录。图 10-24 所示为库存盘点表的模板。

库存盘点表

盘点时间				盘点地点				
序号	商品名称	规格	单价	账面数	实存数	盘点差异	耗材单价	差异原因
盘点人				负责人				

图 10-24　库存盘点表模板

10.3.3　盘点策略

盘点策略是为了确保及时盘点库存与提高盘点库存的工作效率而采取的盘点战略，大致有定期与不定期相结合、开库与闭库相结合、全面与连续相结合、随机与永续相结合 4 种策略可供参考。下面进行详细介绍。

1．定期与不定期相结合

定期盘点是在约定时间内对全部库存进行盘点的方法，可以通过盘点货架、盘点账面和贴标签的形式进行。不定期盘点是不定时地对全部或部分物品的盘点，一般发生于以下 3 种情形，如图 10-25 所示。

企业采取定期盘点与不定期盘点相结合的策略，可以及时对库存进行盘点，从而避免因错过盘点时间而造成库存损失。

2．开库与闭库相结合

开库盘点是在物品进出仓库时对物品进行盘点的方法，一般适用于存货量大的物品盘点。具体实施时，将库存按照重要级别分类，优先盘点价值大、流动性快的库存。闭库盘点是先暂停仓库的一切物品进出活动，然后再集中人力、时间进行盘点的方法，它适用于集中订单或统一订单的物品盘点。

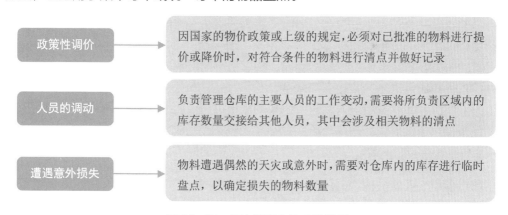

图 10-25　不定期盘点的 3 种情形

开库盘点与闭库盘点相结合，可以确保盘点工作准确无误，并且丰富了物品的盘点方式。

3．全面与连续相结合

全面盘点是对企业所有财产、物品进行整体清点、核对的方法，主要发生于以下 5 种情形，如图 10-26 所示。

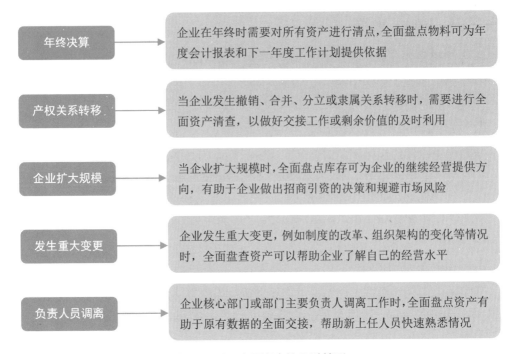

图10-26 全面盘点的5种情形

连续盘点是分别对不同区域、类别、批次、入库时间等的物品进行盘点，具体实施可按照以下几个步骤实施盘点。

(1) 每天任意盘点固定数量的物品，规定一个时间段完成全部的物品盘点。

(2) 计算盘点物品的实际库存数量。

(3) 将实际库存数量与入库时所记录的数量进行比对，若有差异，则追究原因。

全面盘点与连续盘点相结合可实现不同规模、不同时间段的库存盘点。

4. 随机与永续相结合

随机盘点是任意抽取物品的样品进行盘点的方式。它适用于仓库内的所有物品，且抽取时必须保持相同的产品类型、数量比例，以确保盘点数据的真实。永续盘点是对库存的账面进行盘点，具体实施是对物品的出库、入库进行连续不断的账面记录，通过账面记录来获取库存的实际数量。

随机盘点与永续盘点相结合是通过盘点整体库存与部分库存来实现所有库存盘点的策略。

10.3.4 呆废料处理

呆废料是指存储于仓库中无法派上用场的物品，一般包含两种类型：一种是未丧失功能和特性而滞留在仓库中的物品，即呆料；另一种是已经丧失了原有功能和价值而无法再使用的物品，即废料。无论是哪种类型的呆废料，其存在对于企业来说都是一种损失，因此企业应对呆废料进行及时处理。

在处理呆废料之前，首先应明确呆废料产生的原因，然后再"对症下药"进行处理，并做好预防工作。通常，呆废料产生的原因有以下 3 种，如图 10-27 所示。

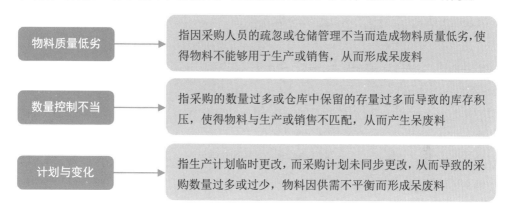

图 10-27　呆废料产生的原因

在不同情形下产生的呆废料处理方式不同，且不同类型的呆废料处理方式也有所不同。下面将分别介绍呆料与废料的处理方式。

（1）呆料的处理方式。因呆料是可以二次使用的物品，因此在处理时主要遵循"择优利用"的原则，采取各部门协同处理的方式，具体说明如图 10-28 所示。

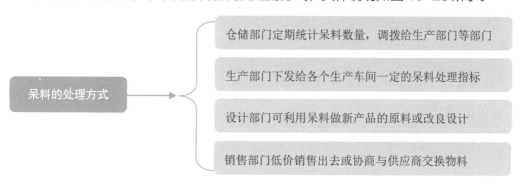

图 10-28　呆料的处理方式

（2）废料的处理方式。废料的二次利用价值不大，一般按照以下流程进行处理，如图 10-29 所示。不同行业的废料处理不同，例如服务业将废料视作生活垃圾进行处理。

仓储部门协同质检人员检验、确认废料

将确定好的废料编制成报表

经仓储部经理签字后报送给领导审批

经领导同意后进行报废处理

图 10-29　废料的处理流程

专家提醒

　　无论是呆料还是废料，其存在多少都会损害企业的利益，而处理呆废料的最好方式是各部门间做好沟通与协同，预防呆废料的产生。

第 11 章

案例分析：
不同采购模式实例

本章以海尔集团、格力电器、苹果手机 3 个具有代表性的企业采购模式为例，为大家带来情景式的采购实践参考，希望读者可以借此深入研究、分析相关采购问题，从中寻找到带有普适性的解决方法。

11.1 海尔集团：网络集中采购模式

案例思考：

一向拥有极高知名度和美誉度的海尔集团，从最初的销售单一电器到多种电器并行销售，并迅速发展成了龙头企业。从采购制度上究其原因，你有没有想过其采购制度是怎样的？

海尔集团作为电器行业的巨头企业，其产品远销海内外，业绩居高不下，这当中与其合理的采购制度是密切相关的。海尔集团主要的采购模式是充分利用网络进行全球化的集中采购模式。其采购模式有 3 个特征，本节将详细介绍。

11.1.1 整合采购

海尔集团十分认可并恰如其分地运用整合采购方式，实行大到几百万元的设备，小到圆珠笔、文件夹等办公用品都采取整合采购的战略。

这一战略的具体做法是集团内部的所有采购需求都一并实现，且在全球范围内寻找质优价廉的产品进行采购。整合采购模式为海尔集团带来了以下几个优势，如图 11-1 所示。

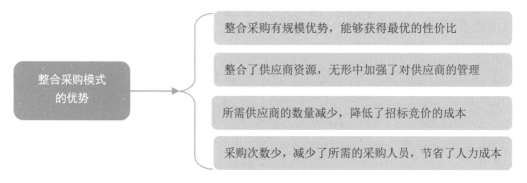

图 11-1　整合采购模式的优势

总的来说，海尔集团的整合采购战略能够极大地为其降低采购成本，精简供应商队伍。就拿降低成本来说，如海尔集团采购一批彩色显像管，一般情况下，能以生产商二三类客户的价格获得，但采取整合采购后，便可以享受到生产商一类客户的价格，而且还可以得到供货服务。

11.1.2 战略中心采购

战略中心采购是指海尔集团在供应商的选择上，将供应商分散于全球范围内多个生产基地，形成以集团为中心的采购模式，有效地整合最优的供应商资源。战略中心采购模式有以下几个特征，如图 11-2 所示。

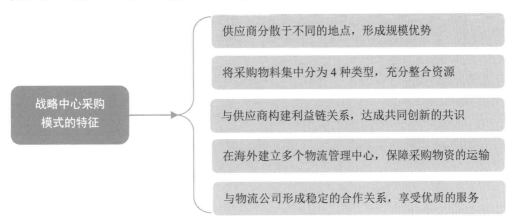

图 11-2　战略中心采购模式的特征

战略中心采购模式主要在物流上为海尔集团提供采购帮助，让海尔集团在享受优质的物流服务的同时，还能够获取成本保障。

11.1.3　人员统一采购

在采购工作中，海尔集团的采购人员精简、相互牵制、相互配合。海尔集团的采购部只设立了 4 个岗位，分别是部长、商法人员、采购人员和设备管理人员。采购人员的工作主要是负责采购的执行。

海尔集团在采购开始之前的准备工作主要有两项，如图 11-3 所示。

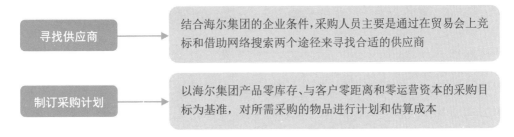

图 11-3　在采购开始之前的准备工作

在正式进行采购时，海尔集团形成了一套完整的集中采购模式，进行统一采购、运送、仓储等采购工作，极大地提高了海尔集团的采购工作效率，确保了外部供货的稳定性，为内部的产品销售提供了保障。

11.1.4 集中采购的优势

对于海尔集团来说，集中采购模式是经过长期的时间检验极具效用性和稳定性的采购战略，总结其优势，主要有以下 5 个，如图 11-4 所示。

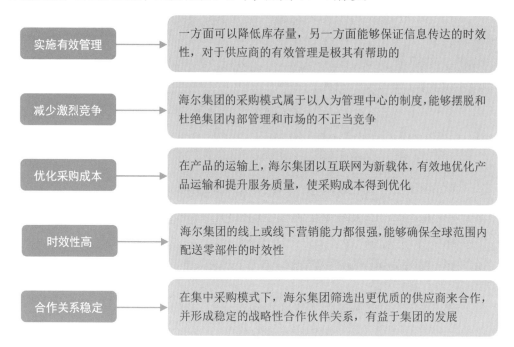

图 11-4 海尔集团集中采购模式的优势

11.2 格力电器：自主构建物流体系

案例思考：

格力电器一直秉持着一份社会责任感，就是所卖的电器即使在面对激烈的市场竞争时也坚持不涨价的原则。试想，格力电器坚持这项原则，还能保证自身利益的原因会不会与其采购模式有关呢？

格力电器的采购模式比较与众不同之处在于物流。格力电器拥有自建的物流公司，能够为其采购提供运输保障。除此之外，格力电器还会与第三方物流公司合作，确保采购与货运的时效性。本节将详细介绍格力电器的采购模式。

11.2.1　自建物流公司

自建物流公司意味着采购货物的运输与库存都能够得到保障。况且，格力电器的自建物流公司还发展成了物流配送中心，规模大、范围广，以及有完善的物流体系。

格力电器自建物流公司的具体做法有两个方面，如图 11-5 所示。

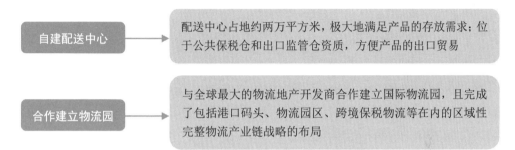

图 11-5　格力电器自建物流公司的具体做法

11.2.2　与物流公司合作

除了自建物流公司外，格力电器在物流方面还在全球范围内与物流公司进行合作，选择优质的物流公司承载货运，为采购提供保障。

但无论是自建物流公司，还是与物流公司合作，格力电器在物流运营上都遵循着订单模式。其物流订单模式的运营步骤如图 11-6 所示。

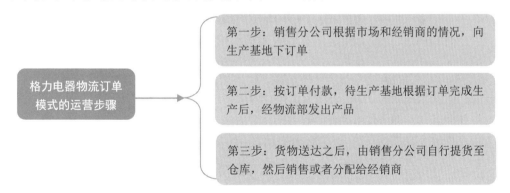

图 11-6　格力电器物流订单模式的运营步骤

格力电器的物流还有一个重要的特征是实现了管理的信息全面化，运用 MES 管理系统，就能够实现对自身物流建设和第三方物流的管理和控制，有效地解决物流配送过程不规范、效率低下的问题。

11.3　苹果公司：集权与分权采购并行

案例思考：

苹果手机一向以更新换代速度快、屏幕反应力敏捷为优势而闻名全球。从采购制度上看，苹果公司采用集权与分权并行的采购战略，从外部手机制造商处购买一些零部件，公司内部集中精力研发手机的核心技术。试想，这一采购战略对苹果手机的优势形成有什么影响？

苹果公司运用集权与分权相结合的采购策略，集权体现在核心技术的研发上；分权体现在制作手机的外部零件上。这种采购策略充分发挥了苹果公司优势，为苹果手机的生产制作全过程提供了保障。本节将分别介绍苹果公司的集权与分权采购策略。

11.3.1　集权采购策略

在苹果手机的技术研发上，苹果公司充分发挥了自身优势，公司内部各部门层级既各司其职又相互配合，共同为产品的研发助力，具体做法如图 11-7 所示。

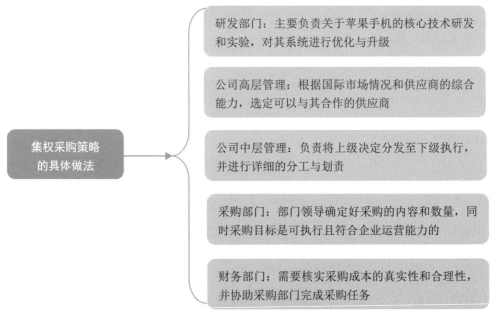

图 11-7　集权采购策略的具体做法

11.3.2　分权采购策略

在苹果手机的外部零件生产上，苹果公司采用分权采购策略，重在弥补自身在制造零部件方面的经验不足。

苹果公司分权采购策略的具体做法是将生产苹果手机的全部生产过程拆分为多个小环节，然后在全球范围内寻找生产加工和提高零部件的合作方，将除核心技术研发之外的其他生产过程外包出去，这样做可以集合人工成本和运费投入，形成制作苹果手机的生产链。

11.3.3　采购策略的优势

苹果公司采用这一独特的采购策略，实则是现代文明常见的、互惠互利的商业模式。这一采购策略有以下 4 个优势，如图 11-8 所示。

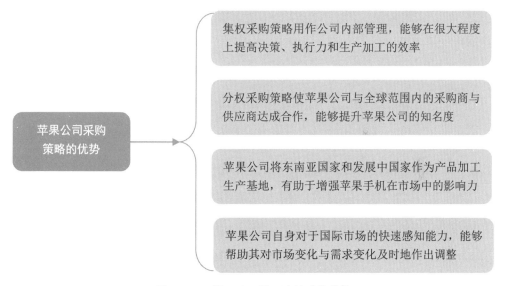

图 11-8　苹果公司的采购策略的优势

除此之外，与传统的集权采购策略相比，苹果公司采取的这一采购策略有相对的灵活性，有多项采购活动可供选择，能够降低投资与管理的风险。